LA PRATIQUE QUOTIDIENNE,

APPLICATION

DU CALCUL RAISONNÉ.

PAR UN PROFESSEUR

à l'Institution SAINT-SAUVEUR, à Redon.

Livre du Maître.

PARIS,

DEZOBRY, E. MAGDELEINE et Cie, LIB.-ÉDITEURS,

Rue du Cloître-Saint-Benoît, 10, (quartier de la Sorbonne).

REDON,

E. RICHARD, IMPRIMEUR-LIBRAIRE.

LA PRATIQUE QUOTIDIENNE.

LA PRATIQUE QUOTIDIENNE,

(Livre du Maître)

SOLUTION RAISONNÉE

des

125 problèmes du CALCUL RAISONNÉ

et des

250 problèmes de la PRATIQUE QUOTIDIENNE,

LIVRE DE L'ÉLÈVE,

avec Enoncé et Solution de **125** problèmes de
composition et de concours.

———

PAR UN PROFESSEUR

à l'Institution SAINT-SAUVEUR, à Redon.

—◇—

PARIS,

DEZOBRY, E. MAGDELEINE et Cⁱᵒ, LIB.-EDITEURS,
Rue des Ecoles, 78, (Près de la Sorbonne).

REDON,

E. RICHARD, IMPRIMEUR-LIBRAIRE.

1861

Les données de ces Problèmes ne sont pas in-
ventées à plaisir; elles sont généralement emprun-
tées aux ouvrages scientifiques et doivent laisser,
dans l'esprit des élèves, des notions de connais-
sances utiles et intéressantes.

LA PRATIQUE QUOTIDIENNE.

CHAPITRE I.

NOMBRES ENTIERS.

Nombres à écrire.

1. (a)	898	2.		979
3.	801	4.		1 720
5.	14 005	6.		600 013
7.	524 336 799	8.		17 017 017
9.	101 101 001	10.		101 000 001 101

*1. (b)	32 407	*2.		303 903
*3.	5 236 005	*4.		22 600 921
*5.	909 305 209	*6.		3 000 997 507
*7.	43 000 000 202	*8.		400 000 030 828
*9.	8 000 000 508 009	*10,	305 027 000 002 457	

(1) (c) Huit cent sept *trillions* six *billions* cinquante-quatre *mille* trois cent un.

R.   807 006 000 054 301

(2) Neuf *quatrillions* sept cent cinquante-trois *millions* deux cent un *mille*.

R. 9 000 000 753 201 000

(3) Vingt-quatre *quatrillions* six cent huit.

R. 24 000 000 000 000 608

(4) Neuf cent deux *quatrillions* sept cent quatre *trillions* cinquante-six *millions* dix *mille*.

R.   902 704 000 056 010 000

(a) Le chiffre seul indique les solutions des problèmes du *Calcul raisonné*.

(b) Le chiffre précédé de * indique les solutions des problèmes de la *Pratique quotidienne*, livre de l'élève.

(c) Le chiffre entre parenthèses (), indique les énoncés et les solutions des *problèmes de compositions et de concours*, livre du maître seulement.

(5) Quatre cent vingt-trois *quintillions* huit cent soixante-seize *trillions* six cent quarante-cinq *mille* sept.

R.   423 000 876 000 000 645 007

Nombres à énoncer.

11. Deux cent cinquante-deux *mille* cinq cent vingt-cinq *(unités)*.

12. Trois cent soixante-neuf *mille* six cent quatre-vingt-seize.

13. Quatre *millions* quatre cent quarante-quatre *mille* quatre cent quarante-quatre.

14. Trois cent cinquante-trois *millions* cinq cent vingt-sept *mille* deux cent soixante-seize.

15. Neuf cent quatre-vingt-six *millions* six cent soixante-neuf *mille* neuf cent dix-sept.

16. Quatre *billions* trente *millions* neuf cent *mille* cent vingt.

17. Dix *billions* quarante *millions* trente *mille* quarante-sept.

18. Deux *billions* vingt *millions* deux cent deux *mille* vingt.

19. Quatre cent soixante *billions* sept cent cinq *millions* quatre-vingt-dix *mille* trois cent sept.

20. Six cent cinq *billions* quatre cent *millions* trois cent.

'11. Quatre cent trente-deux *millions* cent soixante-dix-huit *mille* cinq cent soixante-sept.

'12. Sept *billions* six cent soixante-dix *millions* neuf cent cinq *mille* quatre-vingt-quatre.

*13. Dix-sept *billions* cinq cent *millions* soixante *mille* six.

'14. Neuf cent quatre-vingt-sept *billions* soixante-cinq *millions* cinq cent six *mille* sept cent quatre-vingt-dix.

'15. Sept *trillions* six *millions* cinquante *mille* quatre cent.

'16. Quatre-vingt-six *trillions* sept cent soixante-dix *billions* six cent cinq *millions* quarante-trois *mille* cinq cent soixante-sept.

'17. Cinq cent soixante-six *trillions* sept cent trente-quatre *billions* trois cent cinquante-huit *millions* deux cent vingt-quatre *mille* trois cent quatre-vingt-dix-neuf.

'18. Cinq *quatrillions* quatre-vingt-sept *trillions* trois cent un *billions* deux cent trente *millions* six *mille* soixante-dix.

'19. Trente-cinq *quatrillions* sept cent *billions* quarante *millions* trois *mille* neuf cent quatre-vingt.

'20. Trois cent vingt-deux *quatrillions* trente-deux *trillions* sept *billions* huit cent quatre *mille* quatre-vingt-dix.

---

(6) 1 345 263 858

R. Un *billion* trois cent quarante-cinq *millions* deux cent soixante-trois *mille* huit cent cinquante-huit.

(7) 10 040 030 047

R. Dix *billions* quarante *millions* trente *mille* quarante-sept.

(8) 460 705 090 307

R. Quatre cent soixante *billions* sept cent cinq *millions* quatre-vingt-dix *mille* trois cent sept.

(9) 605 400 000 300

R. Six cent cinq *billions* quatre cent *millions* trois cent.

(10) 11 082 196 222 794

R. Onze *trillions* quatre-vingt-deux *billions* cent quatre-vingt-seize *millions* deux cent vingt-deux *mille* sept cent quatre-vingt-quatorze.

ADDITION.

21. 591 lieues.

22. 6 432 francs.

23. 16 584 francs.

24. 45 789 hommes.

25 917 poires + 608 pêches + 520 prunes = 2 045 fruits.

'21. 1 345 263 858. Un *billion* trois cent quarante-cinq *millions* deux cent soixante-trois *mille* huit cent cinquante-huit.

'22. 1 082 196 222 794. Un *trillion* quatre-vingt-deux *billions* cent quatre-vingt-seize *millions* deux cent vingt-deux *mille* sept cent quatre-vingt-quatorze.

*23. 35 574 452 336 517 352. Trente-cinq *quatrillions* cinq cent soixante-quatorze *trillions* quatre cent cinquante-deux *billions* trois cent trente-six *millions* cinq cent dix-sept *mille* trois cent cinquante-deux.

*24. 327 207 073 572 265 601. Trois cent vingt-sept *quatrillions* deux cent sept *trillions* soixante-treize *billions* cinq cent soixante-douze *millions* deux cent soixante-cinq *mille* six cent un.

*25. De 1857 à 1858, le coton produit par les Etats-Unis $=$ l'exportation en Angleterre $+$ celle en France $+$ celle dans le nord de l'Europe $+$ celle pour les autres pays $+$ la consommation sur les lieux $= 1\,809\,966 + 384\,002 + 215\,145 + 181\,342 + 595\,545 = 3\,186\,000$ balles de coton. (a)

*26. La population de la Bretagne $=$ celle des Côtes-du-Nord $+$ celle du Finistère $+$ celle d'Ille-et-Vilaine $+$ celle du Morbihan $+$ celle de la Loire-Inférieure $= 632\,613 + 617\,710 + 574\,618 + 478\,172 + 535\,664 = 2\,838\,777$ âmes.

*27. Le prix de sa ferme $=$ la somme fixe qu'il paie $+$ la moitié des récoltes $+$ la valeur des poulets $+$ celle des œufs $+$ celle du beurre $+$ les menues redevances $= 525 + 1\,027 + 15 + 15 + 2 + 2 + 2 + 270 + 142 = 2\,000$ francs.

*28. Ce droit $=$ celui sur les vins et les alcools $+$ celui sur les autres boissons $+$ celui sur la viande et le poisson $+$ celui sur le combustible $+$ celui sur les matériaux de construction $+$ celui sur divers articles $= 15\,450\,035 + 5\,348\,555 + 9\,655\,188 + 7\,102\,950 + 7\,053\,426 + 2\,771\,344 = 47\,391\,498$ francs.

*29. La recette totale $=$ la recette du chemin de fer d'Orléans $+$ celle du Nord $+$ celle de l'Est $+$ celle de Lyon $+$ celle de Lyon à Genève $+$ celle de l'Ouest $+$ celle du Midi $+$ celle du Dauphiné $= 1\,165\,564 + 1\,129\,566 + 1\,047\,457 + 1\,673\,904 + 71\,880 + 886\,372 + 334\,597 + 24\,822 = 6\,334\,162$ francs.

*30. Il a été reçu en tout, la recette du chemin de fer d'Orléans $+$ celle du Nord $+$ celle de l'Est $+$ celle de Lyon $+$ celle de Lyon à Genève $+$ celle de l'Ouest $+$ celle du Midi $+$ celle du Dauphiné $= 1\,256\,023 + 1\,184\,381 + 1\,116\,207 + 1\,841\,929 + 113\,443 + 937\,195 + 434\,766 + 46\,924 = 6\,930\,868$ francs.

(a) Le professeur ne saurait trop insister sur la mise, par écrit, en égalité de tous les problèmes. L'élève est ainsi amené, sans qu'il s'en doute, à la réflexion et à la rectitude du jugement.

(11) Quelle est, par écrit, la somme des **10** nombres à énoncer, page **5** ?

R. 362 781 525 908 782 953. Trois cent soixante-deux *quatrillions* sept cent quatre-vingt-un *trillions* cinq cent vingt-cinq *billions* neuf cent huit *millions* sept cent quatre-vingt-deux *mille* neuf cent cinquante-trois.

(12) Le contrôle officiel du prince de Linchtenstein constate, d'après un journal, comme abattu sur quatre terres, du **20** août au **31** décembre **1856**, la chasse des bécasses n'étant pas encore commencée, savoir; **24 700** cerfs, daims et chevreuils, **13 933** lièvres, **5 709** faisans, **2 977** perdrix, **42** cailles et **857** canards sauvages; le braconnage en détruit au moins autant: combien cela fait-il de pièces de gibier?

R. Le nombre de pièces de gibier = le nombre de cerfs, etc. tués + les lièvres + les faisans + les perdrix + les cailles + les canards + ce que le braconnage a tué = (24 700 + 13 933 + 5 709 + 2 977 + 42 + 857 = 48 218) + 48 218 = 96 436 pièces de gibier.

(13) Quel est le montant des quelques articles suivants de la consommation de Paris, en **1857** : gibier et volailles, **17 052 013** fr.; beurre, **19 551 265** fr.; œufs, **9 524 114** fr.; **9 160 516** fr., poisson frais; **2 033 370** fr., huîtres; **2 062 942** fr., légumes et fruits ?

R. Ce montant = le montant du gibier + celui du beurre + celui des œufs + celui du poisson + celui des huîtres + celui des légumes = 17 052 013 + 19 551 265 + 9 524 114 + 9 160 516 + 2 033 370 + 2 062 942 = 59 384 220 francs.

(14) La collection des insectes coléoptères (exemple : *un hanneton*) du comte Dejean renfermait, dans la division des pentamères, **2 791** *carabiques*, **358** *hydrocanthares*, **866** *brachélytres*, **1 292** *sternoxes*, **978** *malacodermes*, **273** *térédiles*, **788** *clavicornes*, **172** *palpicornes* et **2 380** *lamellicornes;* dans la division des hétéromères, **873** *mélasomes*, **296** *ta-*

xicornes, 258 *ténébrionites*, 359 *hélopiens*, 324 *trachélides*, 382 *vésicants* et 103 *sténélytres ;* dans la division des tétramères 3 690 *curculionites*, 488 *xylophages*, 1 802 *longicornes* et 3 492 *chrysomélines ;* dans la division des trimères, 389 espèces ; enfin dans la division des dimères, 45 espèces. Supposant que ce soit seulement la moitié des coléoptères, que Dieu a créés, ce qui est au-dessous de la vérité, combien une collection complète devrait-elle renfermer d'insectes dans chaque section , et d'insectes en tout?

R. *a*. Elle renfermerait 2 fois le nombre des carabiques $+$ 2 fois celui des hydrocanthares $+$ 2 fois celui des brachélytres $+$ 2 fois celui des sternoxes $+$ 2 fois celui des malacodermes $+$ 2 fois celui des térédiles $+$ 2 fois celui des clavicornes $+$ 2 fois celui des palpicornes $+$ 2 fois celui des lamellicornes $=$ 2 791 $+$ 2 791 $+$ 358 $+$ 358 $+$ 866 $+$ 866 $+$ 1 292 $+$ 1 292 $+$ 978 $+$ 978 $+$ 273 $+$ 273 $+$ 788 $+$ 788 $+$ 172 $+$ 172 $+$ 2 380 $+$ 2 380 $=$ 19 796 pentamères.

b. Elle renfermerait 2 fois le nombre des mélasomes $+$ 2 fois celui des taxicornes $+$ 2 fois celui des ténébrionites $+$ 2 fois celui des hélopiens $+$ 2 fois celui des trachélides $+$ 2 fois celui des vésicants $+$ 2 fois celui des sténélytres $=$ 873 $+$ 873 $+$ 296 $+$ 296 $+$ 258 $+$ 258 $+$ 359 $+$ 359 $+$ 324 $+$ 324 $+$ 382 $+$ 382 $+$ 103 $+$ 103 $=$ 5 190 hétéromères.

c. Elle renfermerait 2 fois le nombre des curculionites $+$ 2 fois celui des xylophages $+$ 2 fois celui des longicornes $+$ 2 fois celui des chrysomélines $=$ 3 690 $+$ 3 690 $+$ 488 $+$ 488 $+$ 1 802 $+$ 1 802 $+$ 3 942 $+$ 3 942 $=$ 18 944 tétramères.

d. Elle renfermerait 2 fois le nombre des trimères $=$ 389 $+$ 389 $=$ 778 trimères.

e. Elle renfermerait 2 fois le nombre de dimères $=$ 45 $+$ 45 $=$ 90 dimères.

f. Elle renfermerait enfin le nombre des pentamères ci-dessus $+$ celui des hétéromères $+$ celui des tétramères $+$ celui des trimères $+$ celui des dimères $=$ 19 796 $+$ 5 190 $+$ 18 944 $+$ 778 $+$ 90 $=$ 44 798 espèces d'insectes coléoptères.

(15) Quelle est : *a*. la population totale des 10 départements baignés par la Loire ; *b*. la population

totale des **11** départements baignés par les affluents de gauche de la Loire ; *c.* la population totale des **5** départements baignés par les affluents de droite de la Loire ; *d.* la population totale des **26** départements du bassin de la Loire ? La Loire baigne l'Ardèche avec 386 559 âmes, la Haute-Loire avec 304 615 âmes, la Loire avec 472 588 âmes, Saône-et-Loire avec 574 720 âmes, la Nièvre avec 327 161 âmes, le Loiret avec 341 423 âmes, le Loir-et-Cher avec 261 892 âmes, l'Indre-et-Loire avec 515 452 âmes, le Maine-et-Loire avec 515 452 âmes, et la Loire-Inférieure avec 535 664 âmes. Les affluents de droite de la Loire (*Arroux, Nièvre, et Maine formé de Mayenne, Sarthe et Loir*), arrosent la Côte-d'Or qui a 400 297 âmes, l'Orne qui en a 439 884, la Mayenne qui en a 374 566, la Sarthe qui en a 473 071 et l'Eure-et-Loire qui en a 294 892. Les affluents de gauche (*Allier, Loiret, Cher, Indre, Vienne, Creuse, Sèvre-Nantaise*), arrosent le Puy-de-Dôme qui possède 596 897 âmes, l'Allier 336 758 âmes, la Creuse 287 075 âmes, le Cher 306 261 âmes, l'Indre 271 938, la Corrèze 320 864 âmes, la Haute-Vienne 319 379 âmes, la Charente 382 912 âmes, la Vienne 316 738 âmes, les Deux-Sèvres 323 615 âmes et la Vendée 383 734 âmes.

R. *a.* La population des 10 départements baignés par la Loire = la population de l'Ardèche + celle de la Haute-Loire+ celle de la Loire + celle de Saône-et-Loire + celle de la Nièvre + celle du Loiret + celle de Loir-et-Cher + celle d'Indre-et-Loire + celle de Maine-et-Loire + celle de la Loire-Inférieure = 386 559 + 304 615 + 472 588 + 574 720 + 327 161 + 341 423 + 261 892 + 315 641 + 515 452 + 535 664 = 4 035 715 âmes.

b. La population des 11 départements baignés par les affluents de gauche de la Loire = la population du Puy-de-Dôme+ celle de l'Allier + celle de la Creuse + celle du Cher + celle de l'Indre + celle de la Corrèze + celle de la Haute-Vienne + celle de la Charente + celle de la Vienne + celle des Deux-Sèvres + celle de la Vendée = 596 897 + 336 758 + 287 075 + 306 261 + 271 938 + 320 864 + 319 379 + 382 912 + 316 738 + 323 615 + 383 734 = 3 846 171 âmes.

c. La population des 5 départements baignés par les affluents de droite de la Loire = la population de la Côte-d'Or + celle de la Nièvre + celle de l'Orne + celle de la Mayenne + celle de la Sarthe + celle d'Eure-et-Loir = 400 297 + 439 884 + 374 566 + 473 071 + 294 892 = 1 982 710 âmes.

d. La population du bassin de la Loire = celle des départements arrosés par ce fleuve + celle des départements arrosés par ses affluents de gauche + celle des départements arrosés par les affluents de droite = 4 035 715 + 3 846 171 + 1 982 710 = 9 864 596 âmes, pour 26 départements.

SOUSTRACTION.

Par suite d'habitudes prises, quelques personnes désirant qu'il soit donné aux élèves une règle de soustraction, usitée, mais moins logique que la nôtre, croyons-nous, nous la plaçons ici.

43 bis. A. *Placez le plus petit nombre au-dessous du plus grand, de manière que les unités de même ordre se correspondent verticalement; — tirez une ligne horizontale sous le plus petit nombre. — B. Retranchez, en commençant par la droite, chaque chiffre inférieur de chaque chiffre correspondant supérieur, et écrivez le reste sous la colonne qui l'a fourni;* (de... otez..., il reste....) — *Si le chiffre supérieur est moins fort que le chiffre inférieur, considérez le chiffre supérieur comme précédé d'une dizaine; faites alors la soustraction, mais retenez une unité pour l'ajouter au chiffre inférieur suivant;* (36, remarque.) (de... otez..., cela ne se peut; de 10 plus... otez..., il reste..., et je retiens 1; || 1 retenu et... font... etc.)

Les restes partiels écrits sous la ligne horizontale forment le *reste total* ou *reste*.

---

26. 74 ans.

27. 289 kilogrammes.

28. 239 ans.

29. 3 780 mètres.

30. 39 904 000 lieues.

*31. 724 208. Sept cent vingt-quatre *mille* deux cent huit.

*32. De 43 258 480 452. De quarante-trois *billions* deux cent cinquante-huit *millions* quatre cent quatre-vingt *mille* quatre cent cinquante-deux.

*33. 89 425 541 653. Quatre-vingt-neuf *billions* quatre cent vingt-cinq *millions* cinq cent quarante-un *mille* six cent cinquante-trois.

*34. 4 520 566 871 781 671. Quatre *quatrillions* cinq cent vingt *trillions* cinq cent soixante-six *billions* huit cent soixante-onze *millions* sept cent quatre-vingt-un *mille* six cent soixante-onze.

*35. Cette différence = l'âge de la grand'mère — l'âge du petit-fils = 63 — 17 = 46 ans.

*36. Ce nombre d'années = le temps qui s'est écoulé entre le commencement du règne de François Ier et celui de Louis XVI = 1774 — 1515 = 259 ans.

*37. Il lui reste la recette — la dépense = 3 473 521 — 2 988 652 = 484 869 francs.

*38. Ce qui reste disponible = la somme allouée — la somme dépensée = 27 437 292 — 13 896 366 = 13 542 926 francs.

*39. Il reste à enlever le nombre total de mètres cubes diminué du nombre de mètres cubes formé par le rocher = 3 477 500 — 1 343 022 = 2 134 478 mètres cubes.

*40. Il lui reste (son avoir + ce qu'il a retiré de sa cargaison) — ce qu'il a payé cette cargaison = (357 226 + 500 389) — 849 201 = 857 615 — 849 201 = 8 414 francs.

---

(16) Le niveau de Rennes au-dessus de la mer étant de 53 mètres environ, et celui de Redon de 12 mètres environ, quelle est la pente de la Vilaine entre ces deux villes ?

R. Cette pente = la hauteur de Rennes au-dessus du niveau de la mer — la hauteur de Redon au-dessus du même niveau = 53 — 12 = 41 mètres.

(17) Dire, par écrit, quelle est la différence entre es nombres à énoncer 19° et 20°, page 5 ?

R. 287 031 306 960 800 110. Deux cent quatre-vingt-sept *quatrillions* trente-un *trillions* trois cent six *billions* neuf cent soixante *millions* huit cent *mille* cent dix.

(18) Soustraire 343 879 de 1 427 620, puis 343 879 du reste obtenu, et ainsi de suite jusqu'à ce que la soustraction ne soit plus possible. Combien de fois la soustraction a-t-elle été effectuée, et quelle est le reste final?

R. 1 427 620 — 343 879 = 1 083 741. 1 083 741 — 343 879 = 739 862. 739 862 — 343 879 = 395 983. 395 983 — 343 879 = 52 104. Reste 52 104, la soustraction ayant été effectuée 4 fois.

(19) Un banquier, à la fin d'un mois, doit faire des paiements montant à 162 427 fr.; il n'a en caisse que 93 998 fr.: combien lui faudra-t-il emprunter pour qu'il fasse honneur à ses affaires ?

R. Ce qu'il lui faudra emprunter = ce qu'il doit payer — ce qu'il a = 162 427 — 93 998 = 68 429 francs.

(20) En 1857-58, les Etats-Unis ont envoyé en Angleterre 1 809 966 balles de coton, et en France 384 002 balles; quelle est la différence d'importation pour ces deux pays ?

R. Cette différence = l'importation en Angleterre — l'importation en France = 1 809 966 — 384 002 = 1 425 964 balles.

ADDITION ET SOUSTRACTION RÉUNIES.

31. $x = 400 — 400 = 0$. Il a tout perdu.

32. $x = 95 551 — 9 867 = 85 684$. Il reste aux frères 85 684 francs.

33. $x = 23 477 — 1 145 = 22 332$. Il lui reste 22 332 hommes.

34. $x = 162 — 67 = 95$. Le lièvre était à 95 mètres du lévrier.

35. $x = 500 000 — 147 010 = 352 990$. Sa fortune est de 352 990 francs.

41. Il reste à faire la longueur totale du chemin — (ce qui a été fait la 1re année + ce qui a été fait la 2e + ce qui a été fait la 3e + ce qui a été fait la 4e = 332 — (87 + 53 + 27 + 61) = 332 — 228 = 104 kilomètres.

42. Population de la Bretagne = 532 613 + 617 710 + 574 618 + 478 172 + 535 664 = 2 838 777 âmes. Population de la Normandie = 762 039 + 415 777 + 491 210 + 600 882 + 439 884 = 2 709 792 âmes.

Ayant fait à part, par l'addition, le total de la population de la Bretagne, puis le total de la population de la Normandie ; reconnaissant que celui-ci est le moins élevé, pour trouver la différence , je dirai : 2 838 777 — 2 709 722 = 129 055 âmes.

43. Il reste (l'augmentation des recettes de l'Est + du Nord + du Midi + de Lyon à Genève + du Dauphiné + de l'Ouest) — (la diminution des recettes de Lyon + d'Orléans) = (4 618 510 + 2 366 636 + 2 112 926 + 1 756 142 + 612 780 + 347 646) — 750 145 + 735 288) = 11 814 640 — 1 485 433 = 10 329 207 francs d'augmentation.

44. Celle qui lui reste revient à (prix d'achat du 1er lot + celui du 2e lot + celui du 3e lot + celui du 4e lot + celui du 5e lot + le prix des édifices + le prix de clôtures et de défrichements) — (le prix de vente de la 1re ferme + celui de la 2e ferme + celui de la 3e ferme) = 326 + 688 + 1 398 + 582 + 1 836 + 2 302 + 2 302 + 2 302 + 2 302 + 326 + 688 + 1 398 + 582 + 1 836 + 2 302 + 2 302 + 2 302 + 2 302) — (13 237 + 13 237 + 11 526 = 28 076 — 38 000. La soustraction est impossible , la 4e ferme coûte *zéro*. 30 000 fr., produit, — 28 076 fr., coût, = 9 924 francs, gain.

45. Elle doit ajouter ce qui manque au montant des effets pour égaler la valeur des achats = (321 + 533 + 105 + 113 + 529) — (348 + 1 166) = 1 601 — 1 514 = 87 francs.

46. La somme disponible pour l'ameublement = les diverses économies faites = 789 + 1 242 + 266 + 321 + 401 = 3 019 fr. L'église revient au devis — les économies = 85 000 — 3 019 = 81 981 francs.

47. Ce qui lui reste de sucre = (ce qu'il avait en magasin + ce qu'il a acheté) — (ce qu'il a envoyé à la raffinerie + ce qu'il a rendu + ce qu'il a expédié sur Paris + ce qu'il a vendu = (3 127 + 9 369 + 327 + 5 866 — 4 936 + 1 143 + 5 355 + 222 + 1 222) = 18 989 — 12 878 = 6 111 kilogrammes.

*48. Il faut d'abord établir l'avoir du caissier qui = ce qu'il avait en caisse + sa recette du lundi + celle du mardi + celle du mercredi + celle du jeudi + celle du vendredi + celle du samedi = 27 669 + 3 200 + 15 003 + 299 + 33 906 + 39 + 1 345 = 81 461 francs. Ce qu'il a en espèces = 81 461 — (sa dépense + les billets de banque + les bons sur la poste + les effets) = 81 461 — (29 786 + 18 200 + 2 063 + 25 333) = 81 461 — 75 382 = 6 079 francs.

*49. La dépense = l'achat + les réparations + les déblais + les plantations + le tracé du jardin = 36 527 + 5 335 + 1 199 + 367 + 456 = 43 884 francs. La recette = le produit des matériaux + celui des tableaux + celui du bois + celui de la ferme + celui du château = 3 231 + 425 + 702 + 28 900 + 23 800 = 57 058 francs. Il y a gain : ce gain = 57 058 — 43 884 = 13 174 francs.

*50. La population du bassin de la Seine = la population de la Côte-d'Or + celle de l'Aube + celle de Seine-et-Marne + celle de Seine-et-Oise + celle de la Seine + celle de l'Eure + celle de la Seine-Inférieure + celle de la Marne + celle de l'Aisne + celle de l'Oise + celle d'Eure-et-Loir + celle de l'Yonne = 400 297 + 265 247 + 345 076 + 472 554 + 1 422 065 + 415 777 + 762 639 + 268 398 + 373 302 + 558 989 + 403 857 + 294 802 + 381 133 = 6 363 626 âmes.

La population du bassin de la Garonne = la population de la Haute-Garonne + celle de Tarn-et-Garonne + celle de Lot-et-Garonne + celle de la Gironde + celle de l'Arriége + celle de la Lozère + celle de l'Aveyron + celle du Tarn + celle du Cantal + celle du Lot + celle de la Corrèze + celle de la Dordogne + celle du Gers = 481 610 + 237 553 + 341 345 + 614 387 + 267 435 + 144 705 + 394 183 + 363 073 + 253 329 + 296 221 + 320 864 + 505 789 + 307 479 = 4 527 976 âmes.

La population du bassin de la Seine l'emporte sur celle du bassin de la Gironde. Cet excès = 6 363 626 — 4 527 976 = 1 835 650 âmes.

---

(21) Supposons que quelques géants de la fable aient mis, en Europe, le *Mont-Blanc* élevé de 4 799 mètres au-dessus du niveau de la mer, en Asie, le *Chamolari* élevé de 9 000 mètres, en Afrique l'*Ambostiméne*, à Madagascar, élevé de 6 000 mètres, en Amérique, le *Novada-de-Sorata*, dans les Andes,

élevé de 7 900 mètres, en Océanie, la *Mouna-Roa*, dans l'île Sandwich, élevé de 5 024 mètres, les uns sur les autres ; supposons que Guay-Lussac s'élevant, dans son ballon, de la hauteur formée par ces montagnes aux 7 000 mètres qu'il a atteints : combien eût-il manqué de mètres pour que ce savant parvint à la limite de l'atmosphère estimée haute de 48 000 mètres.

R. Ce qu'il a manqué de mètres = la hauteur de l'atmosphère — (la hauteur des 5 montagnes + la hauteur atteinte par Guay-Lussac) = 48 000 — (4 799 + 9 000 + 6 000 + 7 900 + 5 024 + 7 000) = 48 000 — 39 723 = 8 277 mètres.

(22) Quelle est la différence en plus des recettes des chemins de fer entre une semaine de 1858 et une semaine de 1857, d'après les données des problèmes *29 et *30, page 7, *Livre de l'élève?*

R. Cette différence = le montant total des recettes en 1858 — le montant total des recettes en 1857 = (1 256 023 + 1 184 381 + 1 116 207 + 1 841 929 + 113 443 + 937 195 + 434 766 + 46 924) — (1 165 564 + 1 129 566 + 1 047 457 + 1 673 904 + 71 880 + 886 372 + 334 597 + 24 822) = 6 930 866 — 6 334 162 = 596 706 francs.

(23) La superficie de la France étant de 52 778 600 hectares, parmi lesquels il y a 25 000 000 h. en terres labourables, 4 830 000 h. en prés, 2 130 000 h. en vignes, 640 000 h. en jardins et vergers, 950 000 h. en cultures diverses, 780 000 h. en bois et oseraies ; combien reste-t-il pour les terres improductives ? Sachant d'ailleurs que la superficie des maisons, routes, rivières, canaux, lacs, étangs, etc., est de 3 129 600 h. combien reste-t-il pour la superficie des landes et des bruyères ?

R. a. La superficie des terres improductives = la superficie des terres labourables + celle des prés + celle des vignes + celle des jardins et vergers + celle des cultures diverses + celle des bois et oseraies = 52 778 600 — (25 000 000 + 4 830 600 + 2 130 000 + 640 000 + 950 000 + 7 800 000) = 52 778 600 — 41 850 600 = 10 928 600 hectares.

b. La superficie des landes et bruyères = la superficie des terres improductives — celle des maisons, routes, rivières, etc. = 10 928 600 — 3 129 600 = 7 799 000 hectares.

(24) La population de l'Asie est évaluée à 681 000 000 d'habitants. Il y a 700 000 juifs, 75 000 000 musulmans , 70 000 000 sectateurs de Brahma , 390 000 000 adorateurs de Boudha , 120 000 000 disciples de Lao-Kiun, Confucius et Sinto, 19 300 000 habitants voués au fétichisme et à l'idolâtrie ; combien y a-t-il de chrétiens de divers cultes ?

R. Le nombre des chrétiens = la population totale de l'Asie — le nombre des habitants adonnés aux cultes divers = 681 000 000 — (700 000 + 75 000 000 + 7 000 000 + 390 000 000 + 120 000 000 + 19 300 000) = 681 000 000 — 6 201 000 = 6 000 000 habitants chrétiens.

(25) D'après Malte-Brun, la richesse minérale de la France, avec le travail auquel elle donne lieu, s'élève annuellement à 375 000 000 fr. Dans cette somme, les mines métalliques, fer, plomb, etc., sont comprises pour 128 700 000 fr.; les substances minérales non métalliques, houille, tourbe, sel gemme et sel marin, etc., pour 43 100 000 fr.; les roches exploitées, marbres, pierres, ardoises, etc., pour 40 400 000 fr.; à combien s'élève le produit des différentes fabrications dont les matières premières sont d'origine minérale ?

R Ce produit = 375 000 000 fr., évaluation de la richesse minérale annuelle — le montant des matières premières employées = 375 000 000 — (128 700 000 + 48 100 000 + 40 400 000) = 375 000 000 — 212 200 000 = 162 800 000 fr.

MULTIPLICATION.

53 bis. Preuve par 9 pour la multiplication. RÈGLE. **a.** *Faites la somme des valeurs absolues des chiffres du multiplicande (118); — cherchez de combien elle surpasse 9 ou le plus grand multiple (46) de 9 qui*

*y est contenu; — écrivez cet excès dans la partie à
gauche d'une sorte d'*$\times$ *: soit 4 cet excès. —* **B.** *Faites
la somme des valeurs absolues des chiffres du multiplicateur; — cherchez de combien elle surpasse 9 ou
le plus grand multiple de 9 qui y est contenu; — écrivez cet excès dans la partie à droite de l'*$\times$ *: soit 6
cet excès. —* **C.** *Multipliez l'excès du multiplicande
par l'excès du multiplicateur; — cherchez de combien
le produit surpasse 9 ou le plus grand multiple de 9
qui y est contenu; écrivez cet excès à la partie supé-
rieure de l'*$\times$ *: soit* $4 \times 6 = 24 = 18 + 6$*. —* **D.** *Faites
la somme des valeurs absolues des chiffres du produit;
— cherchez de combien elle surpasse 9 ou le plus grand
multiple de 9 qui y est contenu; — écrivez cet excès
dans la partie inférieure de l'*$\times$*. Si l'opération est
bien faite, ce dernier excès doit égaler celui placé à
la partie supérieure de l'*$\times$*: soit 6. —* **E.** *Si l'addition des valeurs absolues des chiffres d'un des facteurs
ou le produit des excès des facteurs égale 9 ou un
multiple de 9, l'addition des valeurs absolues des
chiffres du produit doit être 9 ou un multiple de 9.*

Voici la disposition de l'opération pour les deux
cas de la preuve par 9 :

Nota. Une somme des valeurs absolues au-dessous
de 9 s'écrit telle qu'on la trouve.

---

36. 4901 francs.

37. 5755 francs.

38. 576 carreaux.

39. 31903 francs.

40. 3700800 minutes.

51. Trois cent quatre *billions* sept cent vingt-un *millions*
neuf cent soixante-neuf *mille* quatre. (304721969004.)

*52. Quatre-vingt-trois *trillions* soixante-dix *billions* quatorze *millions* sept cent vingt-huit *mille* sept cent quarante-cinq. (83 070 014 728 745.)

*53. Six cent quarante-trois *trillions* cent trente-trois *billions* quatre cent soixante-onze *millions* cinquante-trois *mille* huit cent six. (643 133 471 053 806.)

*54. Deux *quatrillions* sept cent trente *trillions* cent quatre-vingt-dix-huit *billions* cent soixante-quatorze *millions* sept cent quatre-vingt-neuf *mille* huit cent quatre-vingt-huit. (2 730 198 174 789 888).

*55. Ce poids = le poids d'un mètre cube $\times$ par le nombre de mètres cubes = 2 525 $\times$ 6 = 15 150 kilogrammes.

*56. Ils représentent une somme = au prix du quintal $\times$ par le nombre de quintaux importés = 275 $\times$ 6 909 = 6 909 $\times$ 275 = 1 899 975 francs.

*57. La somme dépensée = le prix du mètre $\times$ le nombre de mètres : or le nombre de mètres = le nombre de mètres de chaque pièce $\times$ le nombre de pièces. On aura donc 14 $\times$ (27 $\times$ 9) = 14 $\times$ 243 = 243 $\times$ 14 = 3 402 francs.

*58. Cette valeur = (le prix de la soie $+$ la valeur de la main-d'œuvre) $\times$ par le nombre de kilogr. entré à la condition (a) = (68 $+$ 68) $\times$ 318 470 = 136 $\times$ 318 470 = 318 470 $\times$ 136 = 43 311 920 francs.

*59. Elle coûtera le prix du marbre $\times$ 3 = [(725 $\times$ 375) $+$ (986 $\times$ 237)] $\times$ 3 = (271 875 $+$ 233 682) $\times$ 3 = 505 557 $\times$ 3 = 1 516 671 francs.

*60. Le nombre d'heures de l'année = (24 $\times$ 365) $+$ 6 = (365 $\times$ 24) $+$ 6 = 8 760 $+$ 6 = 8 766 heures. Le nombre de minutes de l'année = 60 $\times$ 8 766 = 8 766 $\times$ 60 = 525 960 minutes. Le nombre de secondes de l'année = 60 $\times$ 525 960 = 525 960 $\times$ 60 = 31 557 600 secondes.

---

(26) Multipliez 918 273 645 007 par 60 040 875, et donnez le produit par écrit.

R. Cinquante-cinq *quintillions* cent trente-trois *quatrillions* neuf cent cinquante-trois *trillions* cent trente-cinq *billions* six cent cinquante-neuf *millions* six cent soixante-un *mille* cent vingt-cinq. (55 133 953 135 659 661 125.)

(a) Préparation pour déterminer le poids légal de la soie.

(27) Une fabrique de bougies stéariques emploie, chaque jour, 125 kilogrammes de suif de France et 321 kilogrammes de suif de Russie. Elle travaille 295 jours par an. Combien emploie-t-elle de suif de chaque provenance et de suif en tout?

R. Ce qu'elle emploie de suif de France $= 125 \times 295 = 295 \times 125 = 36\,875$. Ce qu'elle emploie de suif de Russie $= 321 \times 295 = 94\,695$ kilogr. Ce qu'elle emploie de suif en tout $= 36\,875 + 94\,695 = 131\,570$ kilogrammes.

(28) Un navire est chargé de marbres d'Italie. Il y a à bord 37 mètres cubes de *marbre statuaire* valant 2780 fr. le mètre cube, 67 mètres cubes de *marbre portor* à 1 629 fr. le mètre cube, et 16 mètres cubes *bréche violette*, à 1 166 fr. le mètre cube. A combien monte cette cargaison?

R. Cette cargaison $=$ la valeur du marbre statuaire $+$ celle du marbre portor $+$ celle de la brèche violette $= (2\,780 \times 37) + (1\,629 \times 67) + (1\,166 \times 16) = 102\,860 + 109\,143 + 18\,656 = 230\,659$ francs.

(29) Un pâtre des Pyrénées a trouvé, dans un trou de rocher, probablement abandonné par des contrebandiers, un sac de cuir contenant des monnaies espagnoles; il y avait 37 quadruples en or de diverses dates, valant en moyenne 83 fr. pièce; 296 doublons en or, aussi de diverses dates, valant en moyenne 42 fr., et 575 piastres en argent, ne valant guère plus de 5 fr. chacune à cause de rognures, etc.: à combien monte son trésor?

R. Le trésor $=$ la valeur en francs des quadruples $+$ celle des doublons $+$ celle des piastres $= (83 \times 37) + (42 \times 296) + (5 \times 575) = (83 \times 37) + (296 \times 42) + (575 \times 5) = 3\,071 + 12\,432 + 2\,875 = 18\,378$ francs.

(30) Le nombre des pulsations étant en moyenne, pour l'homme, de 75 par minute, combien le cœur d'un homme qui a vécu 55 ans a-t-il battu de fois pendant sa vie durant laquelle il y a eu 42 années ordinaires ou de 365 jours et 13 années bissextiles ou de 366 jours?

B. Il faudra: 1º chercher combien il y a de minutes dans une année ordinaire = 525 600 minutes ; multiplier ce nombre par 42, nombre des années ordinaires, = 22 075 200 minutes ; multiplier le produit par 75, nombre de pulsations par minute, = 1 655 640 000 pulsations pour 42 ans ; 2º puis chercher combien il y a de minutes dans une année bissextile = 527 040 minutes ; multiplier ce nombre par 13, nombre des années bissextiles, = 6 851 520 minutes ; multiplier le produit par 75, nombre de pulsations par minute, = 513 864 000 pulsations pour 13 ans ; 3º faire la somme des deux nombres de pulsations obtenus = 1 655 640 000 + 513 864 000 = 2 169 504 000 pulsations pour 55 ans.

DIVISION.

60 *bis*. Preuve par 9 pour la division. RÈGLE. A. *Faites la somme des valeurs absolues des chiffres du diviseur* (118); — *cherchez de combien elle surpasse* 9 *ou le plus grand multiple de* 9 *qui y est contenu;* — *écrivez cet excés dans la partie à gauche d'une sorte d'*×. **B.** *Faites la somme des valeurs absolues des chiffres du quotient;* — *cherchez de combien elle surpasse* 9 *ou le plus grand multiple de* 9 *qui y est contenu;* — *écrivez cet excés dans la partie à droite de l'*×. **C.** *Multipliez l'excés du diviseur par celui du quotient;* — *cherchez de combien le produit surpasse* 9 *ou le plus grand multiple de* 9 *qui y est contenu;* — *écrivez cet excés à la partie supérieure de l'*×. **D.** *Si la division se fait sans reste, faites la somme des valeurs absolues des chiffres du dividende;* — *cherchez de combien elle surpasse* 9 *ou le plus grand multiple de* 9 *qui y est contenu;* — *écrivez ce reste à la partie inférieure de l'*×; — *si la division se fait avec un reste, retranchez le reste du dividende;* — *faites la somme des valeurs absolues des chiffres de leur différence;* — *cherchez de combien elle surpasse* 9 *ou le plus grand multiple de* 9 *qui y est contenu;* — *écrivez ce reste à la partie inférieure de l'*×. *Si l'opération est bien faite, ce dernier excés doit* *égaler celui placé à la partie supérieure de l'$\times$. E. Si l'addition des valeurs absolues des chiffres du diviseur ou du quotient, ou le produit de leurs excès, égale 9 ou un multiple de 9, l'addition des valeurs absolues des chiffres du dividende doit être 9 ou un multiple de 9.*

Nota. Une somme des valeurs absolues au-dessous de 9 s'écrit telle qu'on la trouve.

---

41. 17 francs; reste, 2.

42. 13 secondes; reste, 30.

43. 174 barriques; reste, 193.

44. 1599 souverains, ou livres sterling.

45. Chaque membre de la 1re branche a 43289 fr. Chaque membre de la 2e branche a 8657 francs, reste 12. Chaque membre de la 3e branche a 14429 francs; reste, 6. Chaque membre de la 4e branche a 7639 francs; reste, 4. Enfin chaque membre de la 5e branche a 5646 fr.; reste, 9.

---

*61. Neuf cent cinquante-huit.

*62. Trois cent *mille* six cent sept; reste, six *mille* cent trente-six.

*63. Soixante-seize *mille* neuf cent trente-deux; reste, onze *mille* neuf cent cinquante-six.

*64. Sept *millions* soixante *mille* neuf cent sept; reste, neuf.

*65. 33189 fr. est un produit de deux facteurs dont 27 fr. est un facteur connu; donc le facteur inconnu $= 33189 : 37 = 897$ actions.

*66. Le nombre de lieues étant trouvé par une addition, $732 + 700 + 141 = 1573$ lieues, autant de fois 11 sera contenu dans ce nombre, autant il mettra de jours pour son voyage; on a donc $1573 : 11 = 143$ jours.

*67. 108237 est un produit de deux facteurs, et 327 est un de ces facteurs. Le facteur inconnu $= 108237 : 327 = 331$ francs.

*68. Le nombre total d'ares divisé en 1326 parties égales, donnera le nombre d'ares revenant à chacun $= 74256 : 1326 = 56$ ares. 56 ares à 7 fr. $= 56 \times 7 = 392$ francs.

69. La latitude de Paris = celle d'Alger + leur différence = (36° 40' 30") + 43783" = 132030" + 43783"
= 175813" = 2930' 13" = 48° 50' 13".

*70. Le lingot = l'argent + l'alliage = 97050 + (97050 : 10)
= 97050 + 9705 = 106755 grammes. Le nombre de pièces
de 5 fr. = le poids du lingot : le poids d'une pièce de 5 fr.
= 106755 : 25 = 4270 pièces. Reste 5 grammes, le poids
d'une pièce d'un franc.

(31) Divisez 5547176305281661125 par 60040875,
et donnez-en le quotient par écrit.

R. Quatre-vingt-douze *billions* trois cent quatre-vingt-
neuf *millions* neuf cent quatre-vingt-dix-sept *mille* sept cent
trente-cinq (92389997735); reste, vingt-quatre *millions*
deux cent quarante-trois *mille* (24243000).

(32) Un journal s'imprime, pour les annonces
judiciaires, à 3 colonnes de 85 lignes, chaque ligne
composée de 35 lettres; un numéro a 53550 lettres:
combien a-t-il de pages?

R. Il faut, par la division, remonter d'une espèce inférieure, *lettres*, à une espèce supérieure, *pages*.

Le nombre de lignes = 53550 : 35 = 1530 lignes.

Le nombre de colonnes = 1530 : 85 = 18 colonnes.

Le nombre de pages = 18 : 3 = 6 pages.

(33) 83 ouvriers ont travaillé à un terrassement
de 24153 mètres cubes; travaillant autant les uns
que les autres, ils l'ont achevé en 97 jours: quel
était le travail de chaque ouvrier par jour?

R. 24153 mètres cubes = le travail total de tous les
ouvriers; donc le travail total d'un ouvrier = 24153 : par
le nombre d'ouvriers = 24153 : 83 = 291 mètres cubes.

291 mètres cubes = le travail d'un ouvrier pendant 97
jours; donc son travail par jour = 291 : par le nombre de
jours = 291 : 97 = 3 mètres cubes par jour.

(34) 39 litres d'eau tombent, par minute, sur la
roue d'un moulin; il y est tombé 16820193 litres;
combien de temps le moulin a-t-il tourné?

R. Le temps que le moulin a tourné = le nombre total de
litres d'eau tombée sur la roue: l'eau qui tombe en une

minute = 16 820 193 : 39 = 431 287' = 7 188ʰ 7' = 299 jours 12 heures 7 minutes.

(35) Combien de fois 5 436 peut-il être soustrait de 186 308 028, disait un jeune savant, pour embarrasser un de ses camarades ?

R. La division, soustraction abrégée, donnera la réponse à cette question. On aura 186 308 028 : 5 436 = 34 273 fois.

PROBLÈMES DE RÉCAPITULATION.

46. $x = 3\,420 + 6\,435 + 11\,805 = 21\,660$ francs.

47. $x = 384 \times 26 = 9\,984$ francs.

48. $x = 24 + 15 + 10 + 24 + 25 + 117 + 26 + 7 = 248$ parts.

$y = 345\,929 : 248 = 1\,394$ fr. pour chaque part ; il reste 217 fr., part du pauvre. À l'armateur, 33 456 fr. ; au capitaine, 20 910 fr. ; au second, 13 940 fr. ; à chacun des lieutenants, 11 152 fr. ; à chacun des maîtres, 6 970 fr, : à chacun des matelots, 4 182 fr. ; à chacun des volontaires, 2 788 fr, ; à chacun des mousses, 1 394 fr.

49. 88 852 : 194 = 458 fr., valeur d'un bœuf ; d'où $x = 54\,044 : 458 = 118$ chevaux.

50. La fabrique travaille 307 jours. Elle produit par an 76 800 000 $\times$ 307 = 23 577 600 000 allumettes, valeur de x. D'où elle pourrait produire 23 577 600 000 $\times$ 25 = 589 440 000 000 allumettes par an.

'71. 1º. Le nombre de poteaux = leur longueur totale : la hauteur de chaque poteau = 8 016 : 6 = 1 336 poteaux.

2º La longueur des fils = la longueur d'un fil $\times$ 2. Or un fil = (la distance entre chaque poteau $\times$ le nombre des poteaux) + (cette longueur : 4) = (25 $\times$ 1 336) + [(25 $\times$ 1 336) : 4] = 33 400 + (33 400 : 4) = 33 400 + 8 350 = 41 750 mètres. Donc la longueur des deux fils = 41 750 $\times$ 2 = 83 500 mètres.

'72. La fortune à diviser = le capital primitif + (le gain annuel $\times$ par 27) = 49 324 + (3 726 $\times$ 27) = 49 324 + 26 082 = 75 406 fr. La part du père = 75 406 : 3 = 25 135 fr. Le reste de la fortune = 75 406 — 25 135 = 50 271 fr. est à diviser en 7 parts égales. Chacun des garçons a une de ces parts = 50 271 : 7 = 7 181 fr. Chacune des filles a deux parts = 7 181 × 2 = 14 362 fr. Il reste aux pauvres 75 406 — [25 135 + (7 181 × 3) + (14 362 × 2)] = 75 406 — (25 135 + 21 543 + 28 724) = 75 406 — 75 402 = 4 francs.

73. Réduisant la longitude de Paris en secondes, nous aurons (48 × 60) + 50 = 2 930'. (2 930 × 60) + 13 = 175 813''. La différence entre 175 813'' et 174 193'' donne en secondes la différence cherchée = 1 620''. 1 620 : 60 = 27' longitude de l'île Saint-Thomas.

74. Si je connaissais le travail d'un de ces hommes, en le multipliant par le nombre d'hommes, 369, j'aurais la longueur cherchée. Or, le travail d'un homme = 5 032 : 37 = 136 mètres, et la longueur demandée = 136 × 369 = 369 × 136 = 50 184 mètres.

75. Ce qu'il recevra = le prix du métal × 3 = [(425 × 3) + (65 × 4)] × 3 = (1 275 + 260) × 3 = 1 535 × 3 = 4 605 francs.

76. L'éclairage coûte autant de francs qu'il y a de kilogrammes d'huile = 6 540 fr. Le gain de l'entrepreneur = (6 540 : 10) × 2 = 654 × 2 = 1 308 fr. L'huile coûte la somme reçue par l'entrepreneur — le gain de celui-ci = 6 540 — 1 308 = 5 232 francs.

77. Le montant de l'achat = (77 × 14) + (36 × 19) + (25 × 21) + (47 × 9) = 1 078 + 684 + 525 + 423 = 2 710 francs. La somme reçue étant plus élevée que celle dépensée, il y a gain. Ce gain = 3 225 — 2 710 = 515 francs.

78. Orléans reçoit 1 147 533 fr. × le nombre de semaines de l'année = 1 147 533 × 52 = 59 671 716 fr. Le Nord reçoit 1 139 566 fr. × le même nombre de semaines = 1 139 566 × 52 = 59 257 432 fr. La différence entre ces deux recettes = 59 671 716 — 59 257 432 = 414 284 fr. Cette différence par jour = 414 284 : 365 = 1 135 fr., reste, 9.

79. Autant de fois 75 kᵒ, la force d'un homme, sont contenus dans 14 000 kᵒ, autant il faudra d'hommes; or 14 000 : 75 = 188 hommes. Autant de fois 300 kᵒ, la force d'un homme faisant usage du palan de 4 poulies, sont contenus dans 14 000 kᵒ, autant il faudra d'hommes; or 14 100 : 300 = 47 hommes. La différence d'hommes est donc celle qui existe entre 188 et 47; or 188 — 47 = 141 hommes.

80. Il faut d'abord connaître combien il y a d'heures et de minutes dans 8 mois de 30 jours. Or 8 × 30 = 240 jours; 240 × 24 = 5 760 heures; 5 760 × 60 = 345 600 minutes. Autant de fois 13' seront contenues dans 345 600', autant de fois 273 litres passeront sur la 1ʳᵉ roue = (345 600 : 13)

$\times$ 273 = 26 584 (*reste* 8) $\times$ 273 = 7 257 432 litres. La 2de roue reçoit 14 320 litres par 16 heures. 8 mois de 30 jours = 5 760 heures. Autant de fois 16^h seront contenues dans 5 760^h, autant de fois 4 320^l passeront sur la 2de roue = (5 760 : 16) $\times$ 14 320 = 360 $\times$ 14 320 litres. La 1re roue reçoit plus que la 2de 7 257 432 — 5 155 200 = 210 223^l pour l'année; par jour = 2 102 232 : 365 = 5 759^l; reste, 197.

---

(36) Donnez par écrit, les résultats du problème suivant : cherchez la différence entre la somme des 5 derniers nombres à énoncer, page 15 du *Calc. rais.*, et celle des 5 premiers nombres ; divisez cette différence par 4 529 et multipliez le quotient par 587.

R. La somme des 5 derniers nombres = (1 082 196 222 794) un *trillion* quatre-vingt-deux *billions* cent quatre-vingt-seize *millions* deux cent vingt-deux *mille* sept cent quatre-vingt-quatorze. La somme des 5 premiers nombres = (1 345 263 858) un *billion* trois cent quarante-cinq *millions* deux cent soixante-trois *mille* huit cent cinquante-huit. La différence entre ces deux sommes = (1 080 850 958 936) un *trillion* quatre-vingt *billions* huit cent cinquante *millions* neuf cent cinquante-huit *mille* neuf cent trente-six. Le quotient demandé = (238 651 128) deux cent trente-huit *millions* six cent cinquante-un *mille* cent vingt-huit ; reste (224) deux cent vingt-quatre. Le produit demandé = (140 088 212 136) cent quarante *billions* quatre-vingt-huit *millions* deux cent douze *mille* cent trente-six.

(37) Un marchand de drap en a reçu 129 mètres à 11 fr., 157 mètres à 15 fr., 97 mètres à 17 fr., 115 mètres à 21 fr.; plus une quantité inconnue de mètres de drap à 23 fr.; sa facture totale s'élève à 11 035 fr.: quel est le nombre de mètres de drap à 23 fr.?

R. Si on connaissait le prix total du drap dont le nombre de mètres est donné, en retranchant ce prix du montant total de la facture, on aurait, pour reste, le montant du drap à 23 fr. Ce montant divisé par 23 donnerait le nombre de mètres cherché.

129 $\times$ 11 = 1 419		11 035 — 7 838 = 3 197 fr.
157 $\times$ 15 = 2 355		
97 $\times$ 17 = 1 649		3 197 : 23 = 139 mètres.
115 $\times$ 21 = 2 415		
Total... 7 838 fr.		

(38) Un Auvergnat commence, à **11** ans, son commerce avec les **11** fr. qu'il a épargnés. Pendant **4** ans, son capital se double chaque année; les **4** années suivantes, il se triple chaque année, et enfin il se quadruple chaque année jusqu'au moment où l'Auvergnat a atteint **22** ans. Alors il épouse la fille d'un négociant qui lui donne une dot de **1 000 000** fr.: quelle est la différence entre sa fortune et cette dot, à l'époque de son mariage?

R. Il faut établir la fortune de l'Auvergnat à 22 ans. A 12 ans, 11 $\times$ 2 = 22 fr.; à 13 ans, 22 $\times$ 2 = 44 fr.; à 14 ans, 44 $\times$ 2 = 88 fr.; à 15 ans, 88 $\times$ 2 = 176 fr. A 16 ans, 176 $\times$ 3 = 528 fr.; à 17 ans, 528 $\times$ 3 = 1 584 f.; à 18 ans, 1 584 $\times$ 3 = 4 752 fr.; à 19 ans, 4 752 $\times$ 3 = 14 256 fr. A 20 ans, 14 256 $\times$ 4 = 57 024 fr.; à 21 ans, 57 024 $\times$ 4 = 228 096 fr.; à 22 ans, 228 096 $\times$ 4 = 912 384 fr. La différence entre la fortune et la dot = 1 000 000 — 912 384 = 87 616 francs.

(39) Une somme de **2 376** fr. est à partager entre un certain nombre d'hommes; un quart de ces hommes a chacun **6** fr., et les autres chacun **2** fr.: combien y a-t-il d'hommes recevant **6** fr., d'hommes recevant **2** fr. et d'hommes à participer à ces **2 376** francs?

R. La part des hommes recevant 6 fr. = 2 376 : 4 =   594 fr.
La part de ceux recevant 2 fr. = 594 $\times$ 3 = 1 782

Somme à partager...... 2 576 fr.

Le nombre d'hommes recevant 6 fr. = 594 : 6 =   99 hommes.
Le nombre d'hommes recevant 2 fr. = 1 782 : 2 = 891   »

En tout..... 990 hommes.

(40) Un pacotilleur exporte de Bordeaux **13** barriques de vin à **77** fr. la barrique, **27** barriques de vin à **98** fr. la barrique, **7** barriques de vin à **127** fr. la barrique, **3** barriques de vin à **155** fr. la barrique; toutes ces barriques de **228** litres, mais réduites à **225** litres pendant le voyage. Il

exporte de plus 15 paniers de 25 litres de vins divers, au prix moyen de 4 fr. le litre. Le fret et les frais doublent le prix d'achat. A son arrivée un négociant lui donne 3 fr. du litre de toute sa pacotille ; quel est le résultat de cette affaire ?

R. Achat
de	13	barriques,	à	77 fr.............	1 001 »
de	27	»	à	98 fr.............	2 646 »
de	7	»	à 127 fr.............		889 »
de	3	»	à 155 fr.............		465 »

50 barriques à 225 litres, 11 250 litres.

Achat
de 15 paniers de 25 litres, en tout 375 litres, à 4 fr. le litre........ 1 500 »

Coût.............. 6 501 »
Frais............. 6 501 »

Coût total........ 13 002 »

Vente
de 11 250 litres dans les 50 barriques,
de 375 » dans les 15 paniers :

11 625 litres, à 3 fr. le litre........ 34 875 »

Bénéfice.......... 21 873 »

CHAPITRE II.

Section 1re -- NOMBRES DÉCIMAUX.

Nombres décimaux à écrire.

51.	15,073		53.	0,001 543
52.	0,0 000 400		54.	0,000 3
	55.	107,05		

*81.	20, 074 032		*86.	347, 078
*82.	0, 0 400 651		*87.	17, 320 043 005
*83.	63, 67 829		*88.	0, 102 030 405
*84.	1, 3 470 008		*89.	0, 006 007 008 009
*85.	0, 0 004 766		*90.	8, 870 360 490 342

(41) Trois cent vingt-un millions quinze unités, trois cent soixante-sept mille quatre-vingt-quinze *dix-billioniémes*.

R. 321 000 015, 0 000 367 095

(42) Quatre cent deux billions sept cent millions trois cent mille soixante-quatorze *trillioniémes* (a).

R. 0, 402 700 300 074

(43) Six mille trois cent quatre-vingt-quatorze unités, deux billions sept cent millions trois cent mille soixante-quatorze *cent-billioniémes*.

R. 6 394, 02 700 300 074

(44) Trente-quatre millions sept unités, quarante-deux millions huit *cent-millioniémes*.

R. 34 000 007, 42 000 008

(45) Sept cent vingt trillions deux billions deux cent quarante-six unités, cinq cent cinq millions deux cent quarante-trois mille quatre cent soixante-quinze *billioniémes*.

R. 720 002 000 246, 505 243 475

Nombres décimaux à énoncer.

56. Quatre unités, soixante-sept *milliémes*.

57. Treize unités, neuf mille soixante-treize *dix-milliémes*.

58. Quatre cent cinquante-sept mille *millioniémes*.

(a) Quand le mot *unité* n'est pas exprimé, c'est que le nombre donné n'en contient pas; c'est une *fraction* et non un *nombre fractionnaire*.

59. Sept unités, sept mille huit cent quatre-vingt-dix *millionièmes*.

60. Huit millions sept mille soixante-cinq *dix-millionièmes*.

---

*91. Trente-sept unités, neuf millions deux cent soixante-dix mille six cent huit *dix-millionièmes*.

*92. Cinq cent quarante-une unités, sept cent millions six cent soixante-dix-huit mille neuf *billionièmes*.

*93. Huit millions trois cent mille quatre-vingt-dix-huit *billionièmes*.

*94. Vingt-une unités, soixante billions quatre-vingt-huit millions sept cent mille neuf cent quatre-vingt-sept *cent-billionièmes*.

*95. Deux cent trente unités, six cent millions sept mille six cent quarante-trois *billionièmes*.

*96. Trois mille quatre cent cinquante-neuf unités, soixante-dix billions quatre-vingt-dix millions quatre cent deux mille cinq *cent-billionièmes*.

*97. Quatre-vingt-dix-neuf unités, vingt-trois billions quatre cent cinquante-cinq millions six cent soixante-onze mille deux cent *cent-billionièmes*.

*98. Deux cent trente-quatre billions cent quatre millions trois cent vingt-un mille soixante-six *trillionièmes*.

*99. Cinq cent cinquante billions quatre cent quarante millions trois cent trente mille deux cent vingt-un *trillionièmes*.

*100. Cent soixante-quinze unités, cinq cent mille sept cent quatre-vingt-quatre *trillionièmes*.

---

(46) 321 000 015, 0 000 367 095

R. Trois cent vingt-un millions quinze unités, trois cent soixante-sept mille quatre-vingt-quinze *dix-billionièmes*.

(47) 0, 402 700 300 074

R. Quatre cent deux billions sept cent millions trois cent mille soixante-quatorze *trillionièmes*,

(48) 6 394, 02 700 300 921

R. Six mille trois cent quatre-vingt-quatorze unités, deux billions sept cent millions trois cent mille neuf cent vingt-un *cent-billionièmes*.

(49) 34 000 007, 42 000 008

R. Trente-quatre millions sept unités, quarante-deux millions huit *cent-millionièmes.*

(50) *720 002 000 246, 505 243 475*

R. Sept cent vingt trillions deux billions deux cent quarante-six unités, cinq cent cinq millions deux cent quarante-trois mille quatre cent soixante-quinze *billionièmes.*

Exercices sur l'addition des nombres décimaux.

61. 464, 3 268	62. 451, 61 656
63. 39, 5 410	64. 1 474, 613
65. 957, 13 817	

*101. 424, 63 707	*102. 4 919, 233 557
*103. 1 101, 35 324	*104. 5 384, 2 003 318
*105. 601, 256 707 396	*106. 3 840, 00 393 777
*107. 819, 5 733 427	*108. 365, 39 322 798 089
*109. 466, 175 299	*110. 1 613, 4 109 052

(51) Faites l'addition des 5 nombres impairs décimaux à énoncer.

R. 368, 320 365 583 221

(52) Faites l'addition des 5 nombres pairs décimaux à énoncer.

R. 4 198, 236 573 860 770

(53) Faites l'addition des nombres des problèmes 101, 103 et 105.

R. 2 127, 247 017 396

(54) Faites l'addition des nombres des problèmes 102, 104 et 106.

R. 14 143, 43 782 657

(55) Faites l'addition des nombres des problèmes 107, 108, 109 et 110.

R. 3 264, 55 277 488 089

— 33 —

Exercices sur la soustraction des nombres décimaux.

66. 277,936 | 67. 20,573
68. 400,751 | 69. 722,275
70. 0,0 000 981

---

*111.	118 193. 51 677	*112.	498 357, 11 865
*113.	42 572 961, 222 222	*114.	85 629 734, 530 865
*115.	240 999 893, 3 580 246	*116.	100 097 407, 6 512 759
*117.	3 610 969, 37 333 273	*118.	71 488 349, 445 771 427
*119.	4 483 566, 451 302 469	*120.	36 987 375, 0 680 680 681

---

(56) 937, 426 879 531 429 est la somme de deux nombres, 59, 042 804 280 428 l'un de ces nombres; quel est l'autre nombre?

R. 878, 384 075 251 001

(57) On veut retrancher 980 984, 325 780 437 de 3 000 940; combien restera-t-il?

R. 2 019 955, 674 219 563

(58) Si l'on soustrait 978 437, 875 321 988 874 de 34 529 325, 357 429 007 843, combien restera-t-il?

R. 33 550 887, 482 107 018 969

(59) 777 425, 430 007 809 707 est la somme de trois nombres; 44 927, 3 429 787 est l'un de ces nombres et 42 932, 925 092 509 250 un autre nombre; quel est le troisième nombre?

R. Solution par deux soustractions successives : 732 498, 087 029 109 707, somme du 1er et du 3e nombre. 689 565, 161 936 600 457, 3e nombre cherché.

(60) 37 425, 0 007 280 728 072 est la somme de trois nombres; 35 295, 037 est l'un de ces nombres et 174, 0 786 711 219 542 un autre nombre : quel est le troisième nombre?

R. Solution par l'addition des deux nombres connus : somme = 35 469, 1 156 711 219 542 ; et soustraction de cette somme de la somme des trois nombres ; reste $=$ 1 955, 8 850 569 508 530, 3ᵉ nombre cherché.

Exercices sur la multiplication des nombres décimaux.

71.   149, 05 441 | 72.   375 700
73. 376 513, 2 | 74. 1 143 785, 505

75. 39, 7 $\times$ 521 $=$ 20 683, 7 ; qui $\times$ 7, 429 $=$ 153 659, 2 073 ; qui $\times$ 1, 5 $=$ 230 488, 81 095 ; qui $\times$ 0, 6 $=$ 138 293, 286 570.

---

121. 12 378 035, 6

122. 28 872 334 118, 10

123. 169 296, 86 823 795

124. 67 739 806, 22 082

125. 12 916 432, 54 962

126. 10 587 988, 1 067 804 299 628

127. 3 427, 08 $\times$ 327, 5 $=$ 1 122 368, 7 ; qui $\times$ 0, 3 728 $=$ 418 419, 05 136.

128. 3 627, 03 $\times$ 0, 452 $=$ 1 639, 41 756 ; qui $\times$ 0, 666 $=$ 1 091, 85 209 496 ; qui $\times$ 0, 035 $=$ 38, 21 482 332 360.

129. 359 429, 030 $+$ 429, 0 578 $=$ 359 858, 0878. Cette somme $-$ 0, 45 789 $=$ 359 857, 62 991. Ce reste $\times$ 3 576 $=$ 1 286 850 884, 55 816.

130. 368 791 $+$ 1 566, 529 $=$ 370 357, 529. Cette somme $-$ 963, 396 396 $=$ 369 394, 132 604. Ce reste $\times$ 0, 42 653 $=$ 157 557, 67 037 958 412.

---

(61) Quel est le produit de 3 457 329, 073 085 par 927, 358?

R. 3 206 181 774, 557 959 430

(62) Quel est le produit de 7 209 006, 037 895 par 8 045, 793 ?

R. 58 002 170 316, 653 325 735

(63) A quel nombre est égal 337 429, 078 $+$ (222 $+$ 0, 329 $+$ 1 000 400, 351) $-$ (325, 436 $+$ 357, 0 095) $\times$ 3 457, 27?

R. 1º. 337 429, 078 $+$ 222 $+$ 0, 329 $+$ 1 000 400, 351 = 1 338 051, 758. 2º. 325, 436 $+$ 357, 0 095 == 682, 4 455. 3º. 1 338 051, 758 — 682, 4 455 = 1 337 369, 3 125. 4º. 1 337 369, 3 125 $\times$ 3 457, 27 = 4 623 646 803, 026 875.

(64) Quel est le nombre qui, divisé par 3 745, 329, donnera 43, 5 297 au quotient?

R. Ce nombre = le produit des deux facteurs donnés = 163 033, 0 477 713.

(65) Quel est le nombre qui, divisé par 437, 0 987, donnera 9 376, 707 au quotient, avec 347 pour reste, ce nombre 347 étant des unités décimales de la plus petite espèce?

R. 4 098 546, 4 399 809 $+$ 0, 0 000 347 = 4 098 546, 4 400 156.

Exercices sur la division des nombres décimaux.

76. 354, 46 : 76, 3 504 = 35 446 : 7 635, 04 = 3 544 600 : 763 504 = 4, 642 549 ; reste, 612 832.

77. 4 467, 358 : 37, 65 = 446 735, 8 : 3 765 = 4 467 358 : 37 650 = 118, 65 492 695 ; reste, 33 250.

78. 47 985, 678 : 37, 66 = 4 798 567, 8 : 3 766 = 47 985 678 : 37 660 =- 1 274, 181 ; reste, 21 540.

79. 367, 8 : 46 789 = 3 678 : 467 890 = 0, 0 078 ; reste, 284 580.

80. *a.* 47, 52 985 : 62, 78 = 4 752, 985 : 6 278 = 4 752 985 : 6 278 000 = 0, 75 708 ; reste 3 676 000. *b.* 37, 52 985 : 2, 678 = 375, 2 985 : 2 678 = 3 752 985 : 26 780 000 = 0, 14 001 ; reste, 11 070 000. *c.* 0, 75 708 — 0, 14 001 = 0, 61 707.

----

*131. 1º 0, 3 459 ; 2º 0, 03 596.

*132. 1º 0, 905 906 ; 2º 0, 1 243 185.

*133. 1º 0, 000 546 ; 2º 0, 000 045 298.

*134. 0, 0 000 091.

*135. 15, 32 508 ; reste, 8.

*136. 366 fois $+$ 0, 755 211 de fois ; reste, 2 539. (*a*)

(*a*) Ne pas oublier que le reste est de même nature que la plus petite espèce décimale, ici des *millionièmes* : 0, 002 539.

*137. $345\,786 : 9,457 = 345\,786\,000 : 9\,457 = 36\,564,026$; reste, $6\,118$.

*138. $988\,427,58 : 378,4297 = 98\,842\,758 : 37\,842,97 = 9\,884\,275\,800 : 3\,784\,297 = 2\,611,91\,862$; reste, $208\,986$.

*139. $0,358 : 936 = 0,358\,000 : 936 = 0,000\,382$, chaque partie égale; reste, 448.

*140. $5,426 : 7,4566 = 5\,426 : 7\,456,6 = 54\,260 : 74\,566 = 0,727\,677$; reste, $36\,818$.

---

(66) Diviser $345,7856$ par $3\,589$, en poussant l'approximation jusqu'aux cent-millionièmes, ou à moins d'un cent-millionième près?

R. $0,09\,634\,594$; reste $2\,134$.

(67) Trouver le quotient de $7\,645\,684$ par $42,85$, avec 9 chiffres décimaux.

R. $7\,645\,684 : 42,85 = 764\,568\,400 : 4\,285 = 178\,429,031\,505\,250$; reste $3\,750$.

(68) Trouver le quotient de $42,85$ par $7\,645\,684$, à un dix-billionième près.

R. $0,0\,000\,056\,014$, reste, $5\,285\,904$.

(69) Diviser la somme de $3,333 + 7,7777 + 66,66\,666$ par la différence de $222,222 + 5,5555 — 88,8888$, à un dix-billionième près.

R. 1° $77,77\,736$. 2° $227,7775 — 88,8888 = 138,8887$. 3° $77,77\,736 : 138,8887 = 777\,773,6 : 1\,388\,887 = 0,5599\,977\,535$; reste, $1\,346\,455$.

(70) Diviser le produit de $33,66$ par $927,5$ par le produit de $0,0\,276$ par $6,2\,256$, avec 10 chiffres décimaux au quotient.

R. $(927,5 \times 33,66) : (6,2\,256 \times 0,0276) = 31\,219,650 : 0,17\,182\,656 = 31\,219\,650 : 171,82\,656 = 3\,121\,965\,000\,000 : 17\,182\,656 = 181\,692,8\,069\,793\,168$; reste, $3\,105\,792$.

Section 2me. — SYSTÈME LÉGAL DES POIDS ET MESURES.

—

Mesures décimales à écrire.

81. 327^m, 07.

82. 0^m, 049.

83. 37 hect. 25 a., 87 *ou* 3 725 a., 87 ; *ou bien* 37 h. 25 a., 87 *ou* 3 725a., 87.

84. 47^l, 05.

85. 1 100 quint. 16^k *ou* 110 016^k.

---

*141. 3 299^m, 037.

*142. 32$^{m.\,cub.}$, 033 027.

*143. 24^t 8^q 95^k *ou* 24^t 895^k.

*144. 3 202^f, 27.

*145. 887^h 17^{dl} 9^l *ou* 887^{hl}, 79^l, *ou encore* 887^{hl}, 79.

---

(71) Trente-six décastères neuf décistères, et trois cent trente-trois décistères.

R. 36^{dst} 0$^{st.}$,9, *ou* 360st, 9 ; 33st, 3

(72) Vingt-deux mètres carrés six millimètres, et trois mille cinq cent cinquante-deux centimètres carrés.

R. 22^{mc}, 00 00 06 ; 0^{mc}, 3 552.

(73) Quarante myriamètres huit décamètres cinq mètres, et quatre mille cinq cent soixante-cinq centimètres.

R. 40$^{myriam.}$ 00^{hm}, 85 *ou* 40$^{myriam.}$, 0085 ; 45^m, 65.

(74) Trois cent tonneaux huit quintaux quatre kilogrammes, et quarante-sept mille neuf cent vingt-neuf milligrammes.

R. 300^{Tx}8^q, 04 *ou* 300^{Tx}, 804^k *ou encore* 300^{Tx}, 804;
47^{gr}, 929.

(75) Vingt-cinq mètres cubes vingt décimètres cinq millimètres, et quatre mille huit cent vingt millimètres cubes.

R. 25$^{m.cub.}$, 020 000 005; 0$^{m.cub.}$, 000 004 820.

Mesures décimales à énoncer.

86. Quatre cent vingt-sept myriamètres sept kilomètres.

87. Deux cent trente-sept stères sept décistères ; *ou vingt-trois* décastères sept stères sept décistères.

88. Neuf cent cinquante-un décalitres huit litres.

89. Trente-sept ares vingt-six centiares.

90. Trois mille sept cent vingt-neuf kilogrammes trois cent cinquante grammes. (On dit souvent *kilo* par abréviation de *kilogramme.)*

---

*146. Trente-trois hectares quatre-vingt-sept ares quatre-vingt-dix-neuf centiares.

*147. Cent vingt-neuf mètres carrés trois mille cinq cent dix-sept centimètres *(carrés).*

*148. Cinq mille trois cent quarante-sept francs sept centimes.

*149. Trente-neuf kilogrammes neuf cent quatre-vingt-dix-neuf grammes huit cent trente-deux milligrammes.

*150. Vingt-cinq décalitres trois litres trente-cinq centilitres, *ou* vingt-cinq décalitres trois cent trente-cinq centilitres.

---

(76) 47 506 215 millimètres.

R. Quarante-sept mille cinq cent six mètres deux cent quinze millimètres, *ou* quarante-sept kilomètres cinq cent six mètres deux cent quinze millimètres.

(77) 33 409 875 centilitres.

R. Trois mille trois cent quarante hectolitres quatre-vingt-dix-huit litres soixante-quinze centilitres, *ou* trois cent trente-quatre mille quatre-vingt-dix-huit litres soixante-quinze centilitres.

(78) 321 432 543 645 milligrammes.

R. Trois cent vingt-un mille quatre cent trente-deux kilogrammes cinq cent quarante-trois grammes six cent quarante-cinq milligrammes, *ou* trois mille deux cent quatorze quintaux trente-deux kilogrammes cinq cent quarante-trois grammes six çent quarante-cinq milligrammes, *ou encore* trois cent vingt-un tonneaux quatre cent trente-deux kilogrammes cinq cent quarante-trois grammes six cent quarante-cinq milligrammes.

(79) 654 765 876 987 millimètres carrés.

R. Six cent cinquante-quatre mille sept cent soixante-cinq mètres carrés quatre-vingt-sept décimètres soixante-neuf centimètres quatre-vingt-sept millimètres, *ou* six cent cinquante-quatre mille sept cent soixante-cinq mètres carrés huit cent soixante-seize mille neuf cent quatre-vingt-sept millimètres *(carrés)*.

(80) 1 397 008 007 605 millimètres cubes.

R. Treize cent quatre-vingt-dix-sept mètres cubes huit décimètres sept centimètres six cent cinq millimètres, *ou* treize cent quatre-vingt-dix-sept mètres cubes huit millions sept mille six cent cinq millimètres *(cubes)*.

Problèmes sur les mesures décimales.

91. 1°. Son chargement = le sel + la soude + le froment = $(5^t 4^q + 9^q 36^k) + 3^q 47^k, 550 + [(5^t 4^q + 9^q 36^k) + (3^q 47^k, 550) \times 2] = 6^t 3^q 36^k + 3^q 47^k, 550 + (6^t 3^q 36^k + 3^q 47^k, 550) \times 2 = 6^t 6^q 83^k, 550 + (6^t 6^q 83^k, 550 \times 2) = 6^t 6^q 83^k 550 + 13^t 3^q 67^k, 100 = 20^t 0^q 50^k, 650$. 2°. Il s'est allégé de 1/3 du froment + 1/2 du sel = $(13^t 3^q 67^k, 100 : 3) + (6^t 3^q 36^k : 2) = 4^t 4^q 55^k, 700 + 3^t 1^q 68^k = 7^t 6^q 23^k, 700$. 3°. La charge qui lui reste = ce qu'il a embarqué — ce qu'il a débarqué = $20^t 0^q 50^k, 650 - 7^t 6^q 23^k, 700 = 12^t 4^q 26^k, 050$.

92. 1°. La succession $= 39^h, 00 a, 30 + 5^h 50 a, 26 + 56 a, 96 = 44^h 87 a, 52$. 2°. Une part $= 44^h 87 a, 52 : 6 = 7^h 47 a, 92$. 3°. Chaque part vaut $7^h 47 a, 92 \times 29 f = 21 689 f, 68$.

93. Ce qu'il doit $=$ son achat de café $+$ celui de sucre $+$ celui de savon $= (347^k, 5 \times 2 f, 95) + (529^k, 47 \times 1 f, 67) + (262^k, 7 \times 1 f, 35) = 1 025 f, 125 + 884 f, 2 149 + 354 f, 645$. Et comme on néglige généralement les quantités au-dessous des centimes, en mettant 0 quand le chiffre des centimes n'atteint pas 3, et 5 quand le chiffre des centimes atteint 3, $= 1 025 f, 10 + 884 f, 20 + 354 f, 65 = 2 263 f, 95$.

94. La brûlerie produit en 12 jours $4^{hl}, 56 \times 6 = 27^{hl}, 36$. Production en un jour $= 27^{hl}, 36 : 12 = 2^{hl}, 28$. Production en 249 jours $= 2^{hl}, 28 \times 249 = 567^{hl}, 72$. Produit, à 1 f, 05, prix du litre, ou 105 f, prix de l'hectolitre $= 567^{hl}, 72 \times 105 f = 59 610 f, 60$. Jours de chômage $= 365 - 249 = 116$ jours. Frais des jours de travail $= 17 f, 15 \times 249 = 4 270 f, 35$. Frais des jours de chômage $= 3 f, 07 \times 116 = 356 f, 12$. Frais de l'année $= 4 270 f, 35 + 356 f, 12 = 4 626 f, 47$. Résultat $=$ produit $-$ frais $= 59 610 f, 60 - 4 626 f, 47 = 54 984 f, 13$, gain.

95. 1 hectol. de charbon pèse $83^k, 769$; donc 1 tonne $= 1$ kilol. $= 1$ hectol. $\times 10$, pèsera 10 fois plus, $= 83^k, 769 \times 10 = 837^k, 69$. Le poids de $3^t, 476 = 837^k, 69 \times 3^t, 476 = 2 911^k, 81044$. Le prix de transport à 10 kilom. est de $0 f, 97$ par tonne ou $1 000^k =$ par kilog. $0 f, 97 : 1 000 = 0 f, 00 097$. Le prix de transport à 10 kilom. de $3 061^k, 81044 = 0 f, 00097 \times 2 911^k, 81044 = 21, 8 244 561 268$; à 35 kilom. $= 2 f, 8 244 561 268 \times (35^{km} : 10) = 2 f, 8 244 561 268 \times 3, 5 = 9 f, 88 559 644 380$, ou, en négligeant les quantités au-dessous des centimes, 9 f, 88.

---

*151. Son chargement $= 7 000^k - 2 425^k = 4 575^k = 4^t, 575$.

*152.

200 pièces de 100 fr. valant	20 000^f pesant	$6^k 451^{gr}, 6$
400	—	50 fr.	—	20 000^f	—	$6^k 451^{gr}, 6$
36 250	—	20 fr.	—	725 000^f	—	$233^k 870^{gr}, 5$
21 500	—	10 fr.	—	215 000^f	—	$69^k 354^{gr}, 7$
4 000	—	5 fr.	—	20 000^f	—	$6^k 451^{gr}, 6$

---

62 350 pièces d'or valant   1 000 000^f — $322^k 580^{gr},$ «

*153. Si $100\,000$ fr. pèsent $32^k,258$, 1 fr. pèse $32^k,258$: $100\,000 = 0^k,00032258$. Donc $175\,000$ fr. pèsent $0^k,00032258 \times 175\,000 = 56^k,451^{gr},5$. Le prix de la fabrication $= 6\,f,70 \times 56,4515 = 378\,f,225050$, soit $378\,f,23$. La Banque donnera, en lingots, une valeur de $175\,000$ fr. $+ 378\,f,23 = 175\,378\,f,23$ pour $175\,000$ fr. en espèces d'or.

*154. Ce nombre de stères $=$ la somme dépensée : le prix du stère $= 1\,943\,f,10 : 7\,f,65 = 254$ stères.

*155. La somme due $= 16\,f,65 \times 357^{hl},85 = 357,85 \times 16,65 = 5\,958\,f,20$, $0,0025$ étant négligés.

*156. Prix du mètre $3\,f,75$; prix du kilom., $3^f,75 \times 1000 = 3\,750\,f$. Cable perdu $320^{kilom} + 48 + 280 = 648^{kilom}$. Montant de la perte, $3\,750^f \times 648^{kilom} = 2\,430\,000$ fr. *Ou encore* $[(320^{kilom} = 320\,000^m) \times 3\,f,75] + [(48^{kilom} = 48\,000^m) \times 3\,f,75] + [(280^{kilom} = 280\,000^m) \times 3\,f,75] = 1\,200\,000 + 180\,000 + 1\,050\,000 = 2\,430\,000$ fr.

*157. 1o 85^k foin par jour; $85^k \times 365$ j. $= 31\,025^k$ par an, s'élevant à $(31\,025^k \times 11\,f,60) : 100 = 359\,890\,f : 100 = 3\,598\,f,90$. 75^k paille par jour; $75^k \times 365$ j. $= 27\,375^k$ par an, s'élevant à $(27\,375^k \times 5\,f,40) : 100 = 147\,825\,f : 100 = 1\,478\,f,25$. En tout $3\,598\,f,90 + 1\,478\,f,25 = 5\,077\,f,15$. 2o $50^k \times 365$ j. $= 18\,250^k$ par an, foin et paille. Foin $(18\,250^k \times 11\,f,60) : 100 = 211\,700\,f : 100 = 2\,117\,f$. Paille $(18\,250^k \times 5\,f,40) : 100 = 98\,550\,f : 100 = 985\,f,50$. Eau par jour 150^l; $150^l \times 365$ j. $= 54\,750^l$ par an, s'élevant à $(54\,750^l \times 0\,f,25) : 100 = 13\,687\,f,50 : 100 = 136\,f,8750$, soit $136\,f,88$. Sel par jour 750^{gr}; $750^{gr} \times 365$ j. $= 273^k,750$ par an, s'élevant à $373^k,750 \times 0\,f,15 = 41\,f,06250$, soit $41\,f,06$. En tout $2\,117\,f. + 985\,f,50 + 136\,f,88 + 41\,f,06 = 3\,280\,f,44$. 3o Le bénéfice $=$ la différence entre la 1re et la 2e alimentation $= 5\,077\,f,15 - 3\,280\,f,44 = 1\,796\,f,71$.

158. La route à faire $= 257$ worsts $\times 1^{kilom},067 = 274^{kilom},219$. Ce qu'il en reste à faire $= 274^{kilom},219 - 113^{kilom},102 = 161^{kilom},117$.

*159. $246\,000 + (246\,000 : 3) = 246\,000 + 82\,000 = 328\,000$ mares, produit total. 1 marc $= 230^{gr},5$; $328\,000$ mares $= 230^{gr},5 \times 328\,000 = 75\,604\,000^{gr} = 75\,604^k$. Somme donnée $= 75\,604^k \times 222\,f,20 = 16\,799\,208^f,80$.

160. Le prix du kilog. $=$ la somme payée : le nombre de kilog. importés $= 9\,000\,664\,f,05 : 43\,513^k = 206\,f,85$.

*161. Le capital engagé par hecta. $= 3\,998\,752$f. : 523 $= 764$ f,28 ; reste, 3 904. L'are $= 1$ hecta. : 100 ; donc le capital engagé $= 764$ f,28 : 100 $= 7$ f,6428 ; soit 7 f,64.

*162. Cette matière première $=$ la valeur de la soie $+$ celle du coton $= (50\,000^k \times 82$ f,80$) + [65\,000^k \times (125$ f,45 : 100$)]$ $= 4\,140\,000$ f. $+ (65\,000^k \times 1$ f,2545$) = 4\,140\,000$ f. $+ 81\,542$ f,50 $= 4\,221\,542$ f,50.

*163. Drap, $23^m,5 \times 3 = 70^m,5$, à 14 f,25 le m. 998 f,21
Cuir-laine , $27^m,07 + 25^m,05$
$+ 24^m,55 = 76^m,67,$ ....à 13 f,75 — 1 054 f,21
Mérinos, $36^m,$ ....à 8 f,15 — 293 f,40
Tartan, $33^m,25,$ ....à 2 f,85 — 94 f,76

Total 2 440 f,58

*164. Il donnera la valeur du suif de boucherie — celle du suif de Russie $= (3\,457^k \times 1$ f,31$) - (1\,627^k \times 1$ f,47$)$ $= 4\,528$ f,67 $- 2\,391$ f,69 $= 2\,136$ f,98 en argent.

*165. Achat $= 27$ f $\times 235$ a,29 $= 6\,352$ f,83. Ventes dont la quantité est connue $= 106$ a,56 $+ 53$ a,15 $+ 37$ a,10 $= 196$ a,81. Vente dont la quantité est inconnue $= 235$ a,29 $- 196$ a,81 $= 38$ a,48. Produit de la vente $= (32$ f $\times 106$ a,56$)$ $+ (27$ f,55 $\times 53$ a,15$) + (26$ f,80 $\times 37$ a,10$) + (26$ f,50 $\times 38$ a,48$) = 3\,409$ f,92 $+ 1\,464$ f,28 $+ 994$ f,28 $+ 1\,019$ f,72 $= 6\,888$ f,20. Gain $= 6\,888$ f,20 $- 6\,352$ f,83 $= 535$ f,37.

*166. L'achat $= 4788$ fr. $+$ le prix des bouteilles $= 4788 + (0$ f,25 $\times 912) = 4788$ fr. $+ 228$ fr. $= 5\,016$ fr. Le litre revient à 5 016 fr. : le nombre de litres, 912 $= 5$ f,50.

*167. Les travaux sont estimés à (12 millions $+$ 25 millions $+$ 30 millions $+$ 33 millions $+$ 31 millions $+$ 31 millions) $\times 2 = 162\,000\,000 \times 2 = 324\,000\,000$ fr. Chaque kilomètre coûtera 324 000 000 fr. : le nombre de kilom., 113 $= 2\,867\,256$ f,63 ; reste 81.

*168. Le poids du mercure $=$ le poids total — celui du vase $= 237^k,825 - 25^k,720 = 212^k,105$. 1 litre d'eau $= 1^k$; 1 litre de mercure $= 1^k \times 13,59 = 13^k,59$. Autant de fois $13^k,59$ seront contenus dans $212^k,105$, autant il y aura de litres de mercure $= 212^k,105 : 13,59 = 212\,105$: 13 590 $= 15^l,606$; reste, 19 460.

*169. L'achat $= (1\,\mathrm{f},85 \times 33) + (2\,\mathrm{f},05 \times 42,56)$ $+ (1\,\mathrm{f},55 \times 27) + (2\,\mathrm{f},15 \times 19,35) = 61,05 + 87,2480$ $+ 41,85 + 41,6025 = 231,7505$, soit 231 f,75. La commission $= (231\,\mathrm{f},75 : 100) \times 2 = 2\,\mathrm{f},3175 \times 2 = 4,6350$, soit 4 f,65. L'achat et la commission réunis $= 231\,\mathrm{f},75$ $+ 4,65 = 236\,\mathrm{f},40$. Le nombre de décalitres achetés $= 33 + 42,56 + 27 + 19,35 = 121^{\mathrm{dl}},91$. Le prix du décal. $=$ le prix total : le nombre de décal. $= 236,40$ $: 121,91 = 23640 : 12191 = 1\,\mathrm{f},939$; reste, 1651. Soit 1 f,95.

*170. Reçu à bord $2^{\mathrm{hl}},28 \times 76 = 173^{\mathrm{hl}},28$. Perdu $(2^{\mathrm{hl}},28 \times 17) + (2^{\mathrm{hl}},28 \times 3) + 349^{\mathrm{l}} = 38,76 + 6,84$ $+ 3,49 = 49^{\mathrm{hl}},09 = 4909^{\mathrm{l}}$. Le destinataire recevra 0 f,57 $\times 4909 = 2798\,\mathrm{f},13$. Ces 4909^{l} à 0 f,73 eussent produit 0 f,73 $\times 4909 = 3583\,\mathrm{f},57$. La perte éprouvée $= 3583\,\mathrm{f},57$ $— 2798\,\mathrm{f},13 = 785\,\mathrm{f},44$.

---

(81) Après en avoir prélevé 1 cinquième pour réparer une chapelle, une section de commune composée de 130 feux, doit partager également par feu, suivant convention, une lande de $1^{\mathrm{h}}60^{\mathrm{a}},30$, une 2ᵉ lande de $2^{\mathrm{h}}01^{\mathrm{a}},55$, une 3ᵉ lande de $1^{\mathrm{h}}15^{\mathrm{a}},50$, une 4ᵉ lande de $15^{\mathrm{h}}95^{\mathrm{a}},80$, enfin un terrain en vaine pâture de $1^{\mathrm{h}}67^{\mathrm{a}},55$. Quelle quantité de terre revient à chaque feu, un dixième du terrain disparaissant pour les chemins et les servitudes? Ne pas tenir compte des quantités au-dessous du centiare.

R. Le terrain $= 1^{\mathrm{h}}60\,\mathrm{a},30 + 2^{\mathrm{h}}01\,\mathrm{a},55 + 1^{\mathrm{h}}15\,\mathrm{a},50$ $+ 15^{\mathrm{h}}95\,\mathrm{a},80 + 1^{\mathrm{h}}67\,\mathrm{a},55 = 22^{\mathrm{h}}40\,\mathrm{a},70$. Le terrain à partager $= 22^{\mathrm{h}}40\,\mathrm{a},70 — (22^{\mathrm{h}}40\,\mathrm{a},70 : 10) = 22^{\mathrm{h}}40\,\mathrm{a},70$ $— 2^{\mathrm{h}}24\,\mathrm{a},07 = 20^{\mathrm{h}}16\,\mathrm{a},63$. Le prélèvement pour la chapelle $= 20^{\mathrm{h}}16\,\mathrm{a},63 : 5 = 4^{\mathrm{h}}03\,\mathrm{a},32$. Ce qui revient à chaque feu $= (20^{\mathrm{h}}16\,\mathrm{a},63 — 4^{\mathrm{h}}03\,\mathrm{a},32) : 130 = 16^{\mathrm{h}}13\,\mathrm{a},31 : 130$ $= 0^{\mathrm{h}}12\,\mathrm{a},41$; reste 1.

(82) Chaque centime, en monnaie de bronze, pèse 1 gr. Le diamètre de la pièce de 1 c. est de $0^{\mathrm{m}},015$, celui de la pièce de 2 c. de $0^{\mathrm{m}},020$, et ainsi de suite en ajoutant $0^{\mathrm{m}},005$. On demande

quel sera le poids de chaque espèce de monnaie
d'un sac où il y a 33ᶠ,30 en pièces de 10 c.,
15ᶠ,95 en pièces de 5 c., 7ᶠ,44 en pièces de 2 c.
et 9ᶠ,07 en pièces 1 c. ; quel est le poids total,
le sac pesant lui-même 1ᵏ,037? Quelle longueur
sera formée, en les mettant à la suite les unes
des autres, par chaque espèce de pièces, et par
le total des pièces renfermées dans le sac, en y
ajoutant le sac qui a 0ᵐ,37 de long?

R. 1 fr. = 100 pièces de 1 c, ; donc

$$33\,f,30 = 33,30 \times 100 = 3330 \text{ p. de 1 c.} = 3330^{gr}$$
$$15\,f,95 = 15,95 \times 100 = 1595 \text{ p. de 1 c.} = 1595$$
$$7\,f,44 = 7,44 \times 100 = 744 \text{ p. de 1 c.} = 744$$
$$9\,f,07 = 9,07 \times 100 = 907 \text{ p. de 1 c.} = 907$$

Le sac pèse 1ᵏ,037, ou 1037

Le poids total est de 7613ᵍʳ
ou 7ᵏ,613.

Dans 1 fr. il y a

100 p. de 1 c.; dans 9 f,07 il y a 907 p. de 1 c.
50 p. de 2 c.; — 7 f,44 — 372 p. de 2 c.
20 p. de 5 c.; — 15 f,95 — 319 p. de 5 c.
10 p. de 10 c.; — 33 f,30 — 330 p. de 10 c.

Les pièces de

1 c. font une longueur de 0ᵐ,015 × 907 = 13ᵐ,605
2 c.   id.   de 0ᵐ,020 × 372 = 7ᵐ,440
5 c.   id.   de 0ᵐ,025 × 319 = 7ᵐ,975
10 c.   id.   de 0ᵐ,030 × 330 = 9ᵐ,900

Le sac a une longueur de 0ᵐ,370

La longueur totale est de.......... 39ᵐ,290

(83) Pendant un seul mois d'août il a été importé, dans la Grande-Bretagne, 12 936 300 œufs; quelle somme a été exportée sur le continent pour cet achat, à $0^f,45$ la douzaine? De combien de poulets sera-t-on privé, par suite de cette vente, à une première génération, en supposant que un quart des œufs ne vienne pas à bien, qu'un autre quart produise des coqs, et que la moitié restante produise des poules qui aient, en moyenne, chacune 7 poussins? Quelle différence entre le produit des œufs et celui de la volaille qui en serait résulté dans les suppositions précédentes, chaque couple de volaille donnant net $1^f,85$?

R. 1° le nombre de douz. contenues dans 12 936 300 œufs = 12 936 300 : 12 = 1 078 025 douz., qui $\times$ le prix de la douz., 0 f, 45, produisent 485 111 f, 25, exportation sur le continent.

2° Le quart des œufs manquant = 12 936 300 : 4 = 3 234 075

Les œufs produis. des coqs = 12 936 300

: 4 = ... 3 234 075 coqs

Les œufs produisant des poules = 12 936 300 : 2 = ... 6 468 150 poules

Chacune des 6 468 150 poules produisant 7 poussins, on aura 6 468 150 $\times$ 7 = 45 277 050 poussins

En tout . . . . . . 54 979 275 volailles

3° Le prix de chaque volaille = 1 f, 85 : 2 = 0 f, 925. Le produit des volailles eût donc été 0 f, 925 $\times$ 54 979 275 = ... 50 855 829 f, 37

Le produit des œufs ayant été . . . . . 485 111 f, 25

La différence eût été . . . . . 50 370 718 f, 12

(84) Quelle économie sera obtenue , au bout de 5 ans, dans un ménage, par l'achat d'un fourneau de cuisine alimenté par le charbon de terre? On brûlait, par an, 15 stères de bois, à 9^f,50, pour 2 fr. de charbon de bois par mois, et 2 cents de fagots, à 25 fr. le cent. Le fourneau consomme par jour 10 kilogrammes de charbon de terre, à 34 fr. le tonneau ; le fourneau tout installé revient à 150 fr., et . pour mettre les choses au pis, on suppose qu'au bout de 5 ans il sera usé complètement.

R. Déterminer la dépense par an $=$ (9 f, 50 $\times$ 15) $+$ (2 fr. $\times$ 12) $+$ (25 fr. $\times$ 2) $=$ 142 f, 50 $+$ 24 fr. $+$ 50 fr. $=$ 216 f, 50. Dépense pour 5 ans $=$ 216 f. 50 $\times$ 5 $=$ 1 082 f, 50. Dépense du fourneau $=$ 10^k $\times$ 365 jours $=$ 3 650^k ; à 34 fr. le tonneau ou 1000^k $=$ (34 fr. $\times$ 3650) : 1000 $=$ 124100 : 1000 $=$ 124 f, 10. Dépense pour 5 ans $=$ (124 f, 10 $\times$ 5) $+$ 150 fr., le prix du fourneau $=$ 620 f, 50 $+$ 150 fr. $=$ 770 f, 50. Différence de dépense $=$ 1082 f, 50 $—$ 770 f, 50 $=$ 312 fr. en faveur du fourneau, en 5 ans,

(85) Un marchand de grains a acheté, dans une foire , 109^{hl},50 de froment à 20^f,37 l'hectol., 47^{hl},75 de seigle à 14^f,31, 29^{hl},25 de blé noir ou sarrasin à 10^f,03 et 96^{hl},70 d'avoine à 8^f,62 ; il cède ce grain, au prix coûtant, à un capitaine qui lui donne en échange des pommes de terre à 5^f,35 l'hectol. et qu'il revend immédiatement 5^f,87 ; quel gain réalise-t-il ?

R. Le gain $=$ le montant de la vente $—$ le montant de l'achat. L'achat $=$ (20 f, 37 $\times$ 109, 50) $+$ (14 f, 31 $\times$ 47, 75) $+$ (10 f, 03 $\times$ 29, 25) $+$ (8 f, 62 $\times$ 96, 70) $=$ 2 230 f, 5150 $+$ 683 f, 3025 $+$ 293 f, 3775 $+$ 833 f, 5540 $=$ 4090 f, 7490, soit 4090 f, 75. Autant de fois 4090 f, 75 contiendra 5 f, 35 autant il y aura d'hectolitres de pommes de terre; on a 4 090,75 : 5, 35 $=$ 409075 : 535 $=$ 764^{hl}, 62 ; reste 330. La vente des pommes de terre $=$ 5 f, 87 $\times$ 764, 62

= 4488 f, 3 194 ; soit 4488 f, 32. Gain = 4488 f, 32
— 4090 f, 75 = 397 f, 57.

(86) Pour chaque million en pièces de 5 fr. en
argent, il doit être fabriqué 50000 fr. en pièces
divisionnaires; savoir: 4 vingtièmes de cette somme
en pièces de 2 fr., 10 vingtièmes en pièces de 1 fr.,
5 vingtièmes en pièces de 50 c., 1 vingtième en
en pièces de 20 c. La pièce de 5 fr. pèse 25 gram.
Quelle est la valeur fabriquée de chaque espèce
de pièces, et la valeur totale de ces pièces?
Quel est le poids de chaque espèce de pièces
fabriquées, et le poids total de toutes ces pièces?
Quel est le nombre de chaque espèce de pièces et
le nombre total de pièces fabriquées?

R. 50000 fr. : 20 = 2 500 fr.

En pièces de

5 fr., il y a une valeur de. . . . . 1 000 000 fr

2 fr.,   id.   4 vingt^{es} de 50000 = 2500 × 4 =   10 000

1 fr.,   id. 10   id.   = 2500 × 10 =   25 000

50 c.,   id. 5   id.   = 2500 × 5 =   12 500

20 c.,   id. 1   id.   = 2500 × 1 =   2 500

Valeur totale . . . . 1 050 000 fr

Dans

1 000 000 f. il y a (1 000 000 : 5   ) p. de 5 fr. = 200 000 p.

10 000 f. id. (10 000 : 2   ) p. de 2 fr. =   5 000

25 000 f. id. (25 000 : 1   ) p. de 1 fr. =   25 000

12 500 f. id. (12 500 : 0, 50) p. de 50 c. =   25 000

2 500 f. id. (2 500 : 0, 20) p. de 20 c. =   12 500

Nombre total de pièces . . . 267 500 p.

$$
\begin{array}{llll}
1 \text{ pièce de } 5 \text{ fr. pèse} & & 25^{gr} \\
200\,000 \quad\quad \text{id.} & (25^{gr} \times 200\,000) = & 5\,000^{k},000 \\
1 \text{ pièce de } 1 \text{ fr. pèse} & (25^{gr} : 5) = & 5^{gr} \\
25\,000 \quad\quad \text{id.} & (5^{gr} \times 25\,000) = & 125^{k},000 \\
1 \text{ pièce de } 2 \text{ fr. pèse} & (5^{gr} \times 2) = 10^{gr} \\
5\,000 \quad\quad \text{id.} & (10^{gr} \times 5\,000) = & 50^{k},000 \\
1 \text{ pièce de } 50 \text{ c. pèse} & (5^{gr} : 2) = 2^{gr},5 \\
25\,000 \quad\quad \text{id.} & (2^{gr},5 \times 25\,000) = & 62^{k},500 \\
1 \text{ pièce de } 20 \text{ c. pèse} & (5^{gr} : 5) = 1^{gr} \\
12\,500 \quad\quad \text{id.} & (1^{gr} \times 12\,500) = & 12^{k},500 \\
\end{array}
$$

Poids total . . . . $5\,250^{k},000$

Problèmes sur le mètre carré.

96. On lui doit $3\,f,25 \times$ par le nombre total de mètres carrés $= 3\,f,25 \times [(15^{m},45 \times 4^{m},26) + (16^{m},31 \times 4^{m},31) \times (5^{m},15 \times 4^{m},29) + (5^{m},11 \times 4^{m},26)] = 3\,f,25 + (65^{m\,c},8170\,(^{*}) + 70^{m\,c},2961 + 22^{m\,c},0935 + 21^{m\,c},7686) = 3\,f,25 \times 179^{m\,c},9752$ centim. c. $= 584\,f,9194$; soit $584\,f,92$.

97. Le prix à payer $= 0\,f,60 \times$ le nombre d'ares à défricher $= 0\,f,60 \times 1535\,a,25 = 1535\,a,25 \times 0\,f,60 = 921\,f,15$.

98. La superficie du 1er côté $= 7^{m},25 \times 2^{m},25 = 16^{m\,c},3125$; celle du 2e côté $= 6^{m},75 \times 2^{m},25 = 15^{m\,c},1875$; celle du 3e et du 4e côté, chacune $= 4^{m},25 + 2^{m},25 = 9^{m\,c},5625$. La superficie totale $= 16^{m\,c},3125 \times 15^{m\,c},1875 + 9^{m\,c},5625 + 9^{m\,c},5625 = 50^{m\,c},6250$ centim. carrés. (*Nota.* La hauteur étant la même pour chaque côté, on peut encore faire le total de la longueur des côtés $= 22^{m},50$ qui $\times 2^{m},25$, la hauteur, donne également $50^{m\,c},6250$.) Un rouleau de papier couvre $8^{m} \times 0^{m},48 = 3^{m\,c},84 = 3^{m\,c},8400$. Autant de fois $50^{m\,c},6250$ contiendront $3^{m\,c},8400$ autant il faudra de rouleaux. Or $50^{m\,c},6250 : 3^{m\,c},8400 = 506250 : 38400 = 13,18$ rouleaux; reste 13800.

(*) Comme on écrivait autrefois *quarré*, le mètre carré s'indiquait alors *m. q.*, *m. c.* étant réservé pour le mètre cube.

*171. 1^{mc} = 1 centiare; donc 6500^{mc} = 6500 centiares = 65 ares = 0 ha., 65. La prairie coûterait 2355 fr. $\times$ 0 ha., 65 = 1530 f, 75.

*172. La surface des murs n'est pas demandée; elle égalerait $237^m \times 2^m,25 = 533^{mc},25$. La triple hauteur des paillassons = $0^m, 70 \times 3 = 2^m, 10$. La surface garantie = la longueur des murs $\times 2^m,10 = 237^m \times 2^m,10 = 497^{mc},70$. Le coût = 0 f, 12 $\times 497^m, 70 = 59$ f, 724; soit 59 f, 73.

*173. Chaque journal = $0^m, 95 \times 0^m, 65 = 0^{mc}, 6175$. Par année bissextile, le journal couvrirait $0,^{mc} 6175 \times 366$ jours = $226^{mc}, 0050$. La différence demandée = $6500^{mc} - 226^{mc}, 0050 = 6273^{mc}, 9950$ centim. c.

*174. Il lui est dû d'abord $(329^{mc}, 365 + 449^{mc}, 07 + 119^{mc}, 325) \times 0$ f, 67 = $897^{mc}, 76 \times 0$ f, 67 = 601 f, 4992, soit 601 f, 50; ensuite $1135^m \times 0$ f, 13 = 147 f, 55; enfin $1135^m \times 0$ f, 06 = 69 f, 90; en tout 601 f, 50 + 147 f, 55 + 69 f, 90 = 818 f, 95.

*175. Il y a 18 parties et 8 armoires semblables à ces parties = 26 parties. La superficie vitrée d'une de ces parties = $2^m, 55 \times 1^m, 20 = 3^{mc}, 06$ décim. c. La surface totale = $3^{mc}, 06 \times 26 = 79^{mc}, 56$. Le prix = 4 f, 95 $\times 79^{mc}, 56$ = 393 f, 822; soit 393 f, 80.

---

(87) La superficie d'une pièce = $6^m, 25$ sur $5^m, 75$, celle d'une autre pièce = $6^m, 15$ sur $4^m, 25$, celle d'une troisième = $5^m, 75$ sur $3^m, 75$; il y a un cabinet de $3^m, 10$ sur $2^m, 55$ et un autre de $2^m, 85$ sur $2^m, 80$: combien est-il dû pour le plancher de ces pièces, à 4 f, 25 le mètre carré?

R. La superficie totale = $(6^m, 25 \times 5^m, 75) + (6^m, 15 \times 4^m, 25) + (5^m, 75 \times 3^m, 75) + (3^m, 10 \times 2^m, 55) + (2^m, 85 \times 2^m, 80) = 35^{mc}, 9375 + 26^{mc}, 1375 + 21^{mc}, 5625 + 7^{mc}, 9050 + 7^{mc}, 9800 = 99^{mc}, 5225$. Il est dû 4 f, 25 $\times 99^{mc}, 5225 = 422$ f, 970625; soit 422 f, 97.

(88) Pour $30^h 02^a, 05$ de terrains à occuper par un chemin de fer, la Compagnie offrait 106649 f, 55, les propriétaires demandaient 247160 f. 90 et le Jury d'expropriation a alloué 137319 fr.. Dire combien la Compagnie a payé, par mètre carré, au-dessus de ses offres; combien les propriétaires

ont reçu, par mètre carré, au-dessous de leur demande, et enfin combien le Jury a alloué par mètre carré. Pousser l'approximation jusqu'aux millièmes de francs.

R. 1º. La Compagnie paie 137 319 fr. et elle offrait 106 649 f, 55 ; elle paie en plus 30 669 f, 45. Laquelle différence : 30ʰ 02 a, 05, ou, le centiare égalant un mètre carré, 30 669 f, 45 : 300 205ᵐᶜ = 30 666 945 : 30 020 500 = 0 f, 102 par m. c. ; reste, 4854000. 2º. Les propriétaires demandaient 247 160 f, 90, et ils reçoivent 137 319 fr. ; ils reçoivent en moins 109 841 f, 90. Laquelle différence : 30 h 02 a, 05 = 109 841 f, 90 : 300 205ᵐᶜ = 109 841 900 : 30 520 500 = 0 f, 359 par m. c. ; reste, 273 305. 3º. La Compagnie paie 137 319 fr. pour 30 h 02 a, 05. Le prix de l'are, ou du mètre carré, = 137 319 fr. : 30 h 02 a 05 = 137 319 fr. : 300 205ᵐᶜ = 0 f. 457 ; reste, 125315.

Problèmes sur le mètre cube.

99. La maçonnerie des façades = (12ᵐ, 25 × 7ᵐ 85 × 0ᵐ 85) × 2 = 163 m. cub., 476 250 centim. cub. (*). La maçonnerie des pignons = (9ᵐ, 35 × 8ᵐ, 15 × 0ᵐ, 85) × 2 = 129 m. cub., 544 250. La maçonnerie totale = 163 m. cub., 476 250 + 129 m. cub., 544 250 = 293 m. cub., 020 500 centim. cub. Il faut en déduire le vide des portes = (2ᵐ, 25 × 1ᵐ, 65 × 0ᵐ, 85) × 2 = 6 m. cub., 311 250 ; plus le vide des fenêtres = (1ᵐ, 10 × 0ᵐ, 95 × 0ᵐ, 85) × 10 = 8 m. cub., 882 500. A déduire en tout 6 m. cub., 311 250 + 8 m. cub., 882 500 = 15 m. cub., 193 750. 293 m. cub., 020 500 — 15 m. cub., 193 750 = 277 m. cub., 826 750 qui, à 10 f, 50 par mètre cube font 2917 f, 18, pour prix de la maçonnerie.

100. La masse d'eau = 125ᵐ × 78ᵐ × 2ᵐ = 19 500 m. cub. 1 m. cub. = 1000ˡ : 19 500 m. cub. = 19 500 × 1000 = 19 500 000ˡ. Autant de fois 335ˡ seront contenus dans 19 500 000ˡ pour autant de jours l'arrosement sera assuré. 19 500 000 : 335 = 58 208 jours ; reste 320. 58 208 j = 159 a 5ᵐ 23 j. moins les jours fournis par les années bissextiles, environ 39 jours.

(*) Aussi m. c. Voir la note du problème 96.

101. Le réservoir contient 2^m, 25 $\times$ 0^m, 75 $\times$ 1^m 75 = 2 m. cub., 953125 centim. cub. d'eau. Le m. cub. d'eau pesant 1000^k, 2 m. cub., 953125 $\times$ 1000 = 2953^k, 125. Ajoutant le poids du réservoir, on a 2953^k, 125 + 627^k = 3580^k, 125 pour le poids supporté par le plancher.

---

*176. L'air contenu = 15^m $\times$ 9^m $\times$ 3 = 405 m. cub. 1 centième de 405 m. cub. = 4 m. cub., 050 décim. cub. Le gaz oxigène contenu = 4 m. cub., 050 $\times$ 21 .... = 85 m. cub., 050; le gaz azote contenu = 4 m. cub., 050 $\times$ 79 = 319 m. cub., 950. Preuve, 85 m. cub., 050 + 319 m. cub., 950 = 405 m. cub.

*177. Le chaland contient 11^m, 25 $\times$ 3^m, 45 $\times$ 1^m, 25 = 48 m. cub., 515625 ou 48^t, 515625. Le prix de transport du grain = 2 f, 85 $\times$ 48^t, 515625 = 138 f, 26953125 ; soit 138 f, 27.

*178. L'approvisionnement transporté = 25^m, 75 $\times$ 13^m,25 $\times$ 2^m, 85 = 963 m. cub., 834375 centim. cub. Le prix du transport = 1 f, 17 $\times$ 963 m. cub., 834375 = 1127 f, 68621875 ; soit 1127 f, 69.

*179. N° 1. 1 m, 75 $\times$ 1 m, 07 $\times$ 0 m, 55 = 1 m, cub. 029875 ; N° 2. 0 m, 97 $\times$ 0m, 80 $\times$ 0 m, 68 = 0 m, cub., 527680 ; N° 3. 1 m, 25 $\times$ 1 m, 25 $\times$ 0 m, 95 = 1 m. cub., 484375 ; N° 4. 0 m, 39 $\times$ 0 m, 35 $\times$ 0 m, 33 = 0 m. cub., 045045. En tout 3 m. cub., 086975 ; à 24 f, 50 le tonneau = 75 f, 6308875 ; soit 75 f,63.

*180. 1re partie = 24 m, 35 $\times$ 5 m, 25 $\times$ 1 m. 50 = 191 m. cub., 756250 ; 2° partie = 24 m, 35 $\times$ 5 m, 60 $\times$ 1 m, 20 = 163 m. cub., 632000 ; 3e partie = 24 m, 35 $\times$ 3 m, 15 $\times$ 1 m. = 76 m. cub., 702500 ; 4° partie = 24 m, 35 $\times$ 3 m, 10 $\times$ 0 m, 80 = 60 m. cub., 388000 ; en tout 492 m. cub., 478750 ; à 7 f, 25 le mètre cube.... = 3570 f, 47093750 ; soit 3570 f, 47.

---

(89) On paie 4 f, 58 par mètre cube de pierre à pied d'œuvre. Combien doit-on pour un approvisionnement qui a une longueur de 43 toises 5 pieds, une profondeur de 9 toises 4 pieds, une hauteur de 2 toises 2 pieds ? 1 toise = 1^m, 949 ; 1 pied = 0^m, 324.

R. Longueur $=$ (43 T. $\times$ 1 m, 949) $+$ (5 P. $\times$ 0 m. 324) $=$ 83 m, 807 $+$ 1 m, 620 $=$ 85 m, 427. Profondeur $=$ (9 T. $\times$ 1 m, 949) $+$ (4 P. $\times$ 0 m. 324) $=$ 18 m, 837. Hauteur $=$ (2 T $\times$ 1 m, 949) $+$ (2 P. $\times$ 324) $=$ 4 m, 546. Le nombre de mètres cubes des pierres $=$ 85 m, 427 $\times$ 18 m, 837 $\times$ 4 m, 546 $=$ 7315 m. cub., 370 461 854 millim. cub. On doit 4 f, 58 $\times$ 7315 m. cub. 370 461 854 $=$ 33 504 f, 39 671 529 132 : soit 33 504 f, 40.

(90) Un maçon prie un écolier en vacances d'établir son mémoire de la maçonnerie d'une cage d'escalier qu'il a entreprise, à 12 fr. le mètre cube ; il lui accordera 2 fr. par 100 fr. du montant de son mémoire. Il lui donne les dimensions suivantes : **a.** du fond des fouilles sur les solives du 1er étage, 4m, 88 3m, 97 9m, 75 ; **b.** des solives du 1er étage sur les solives du 2e étage, 4m, 93 3m, 97 3m, 76 ; **c.** des solives du 2e étage sur celles des mansardes, 5m, 03 3m, 97 2m 74 ; **d.** des solives des mansardes au sommet de la cage, 5m, 03 3m, 97 2m, 75. Il faut en déduire : **e**, la cage étant supposée en maçonnerie pleine, le vide de la cage, du fond des fouilles au dessus de la corniche, 2m, 43 5m, 417 16m, 25 ; **f.** le rampant de la toiture sur la cage, 2m, 43 5m, 417 0m 92 ; **g.** 5 portes des paliers des divers étages, ensemble 1m, 28 0m, 20 12m, 72. Faire connaître les divers résultats.

R. A. 4 m, 88 $\times$ 3 m, 97 $\times$ 9 m, 75 $=$ 188 m. cub., 893 500. B. 4 m, 93 $\times$ 3 m, 97 $\times$ 3 m, 76 $=$ 73 m. cub., 591 096. C. 3 m, 97 $\times$ 5 m, 03 $\times$ 2 m, 74 $=$ 54 m. cub., 715 334. D. 3 m, 97 $\times$ 5 m, 03 $\times$ 2 m, 75 $=$ 54 m. cub., 915 025. Total 372 m. cub., 114955. Dont il faut déduire : E. 5 m, 417 $\times$ 2 m, 43 $\times$ 16 m, 25 $=$ 213 m. cub., 903 787 500. F. 5 m, 417 $\times$ 2 m, 43 $\times$ 0 m, 92 $=$ 12 m, 110 245 200. G. 1 m, 28 $\times$ 0 m. 20 $\times$ 12 m, 72 $=$ 3 m. cub., 256 320. Total à retrancher 229 m. cub., 270 352 700. Il reste 142 m. cub., 844 602 300 : à 12 f, le mètre cube, 1714, 0952 276 ; soit 1714 f, 10. Commission $=$ (1714 f, 10 : 100) $\times$ 2 $=$ 17 f, 141 $\times$ 2 $=$ 34 f, 282 ; soit 34 f, 28.

CHAPITRE III.

Section 1re. - FRACTIONS ORDINAIRES ou FRACTIONS.

Opérations préliminaires sur les fractions.

*181. 1º 134 190/426 ; — 2º 25 393/51; — 3º 936 193/967.

*182. 1º 46 ; — 2º 365 45/46 ; 3º 1000 7/361.

*183. 1º 630/840 = (630 : 10/840 : 10) = 63/84 = (63 : 3/84 : 3)
= 21/28 = (21 : 7/28 : 7) = 3/4. 2º 10368/59328......
= (10368 : 9/59328 : 9) = 1152/6592 = (1152 : 8/6592 : 8)...
= 144/824 = (144 : 8/824 : 8) = 18/103. 3º 134820/307860...
= (134820 : 10/307860 : 10) = 13482/30786 = (13482 : 6/30786
6 :) = 2247/5131 = (2247 : 7/5131 : 7) = 321/733.

*184. 33495/35959 ; 17279/35959.

*185.

1º	3 064 908	
2º	667 359	
3º	394 723	766 227, dénominateur commun.
4º	437 044	
5º	236 313	

---

(91) Mettre au même dénominateur, après les avoir réduites à leur plus simple expression, les fractions 630/840, 10 368/59 328 et 134 820/307 860.

R. Ces fractions, comme ci-dessus nº *183, deviennent à leur plus simple expression, 3/4, 18/103 et 321/733 ; au même dénominateur, elles sont

1º	226 479	
2º	52 776	301 996, dénominateur commun.
3º	132 252	

Exercices sur l'addition des fractions.

*186. 3/7 + 4/9 + 16/13 = 1728/4032 + 1792/4032
+ 819/4032 = 4339/4032 = 1 307/4032.

*187. 3 4/5 + 6 1/2 + 97/102 + 33 7/9 = 19/5 + 13/2
+ 97/102 + 304/9
= 34 884
+ 59 670
+ 8 730 |9 180 = 413 364/9 180 = (413 364 : 49 180 : 4)
+ 310 080
= 103 341/255 = (103 341 : 3/255 : 3) = 34 447/85
= 405 22/85.

*188. Faire d'abord la somme des journées entières = 37
+ 48 + 49 + 24 + 67 + 39 = 264 jours. Les fractions
de journées = 3/4 + 1/2 + 2/5 + 1/2 + 2/3 + 5/6
= 1 080
+ 720
+ 576
+ 720 |1 440 = 5 256/1 400 = (5 256 : 8/1 400 : 8) = 657/18
+ 960
+ 1 200
= (657 : 9/18 : 9) = 73/2 = 36 1/2. Le nombre de jours
= 264 + 36 1/2 = 300 1/2.

*189. 2/7 + 2/5 + 2/15 = 150/525 + 210/525 + 70/525
= 430/525 = (430 : 5/525 : 5) = 86/105.

*190. Les parts successivement reçues = 1/3 + 2/7 + 3/16
+ 4/15 + 157/1680
= 2 822 400
+ 4 838 400
+ 3 175 200 |16 934 400 = 16 934 400/16 934 400 = 1 ou la
+ 4 515 840
+ 1 582 560
succession en entier.

---

(92) Faire la somme des fractions 1/2, 2/3, 3/4,
4/5, 5/6, 6/7, 7/8, 8/9.

R. 1/2 + 2/3 + 3/4 + 4/5 + 5/6 + 7/8 + 8/9
= 181 440
+ 241 920
+ 272 160
+ 290 304
+ 302 400 |362 880 = 2 239 344/362 880 = 6 62 064/362 880
+ 311 040
+ 317 520
+ 322 560
= 6 (62 064 : 9/362 880 : 9) = 6 6 896/40 320 =
6 (6 896 : 8/40 320 : 8) = 6 862/5 040 = 6 (862 : 2/5 040 : 2)
= 6 431/2 520.

Exercices sur la soustraction des fractions.

*191. 2/7 — 3/16 = 32/112 — 21/112 = 11/112.

*192. Non, parceque, en réduisant au même dénominateur, 157/1680 devient 942/10080, fraction moins grande que 1/6 = 1680/10080.

*193. Le réservoir rempli = 105/105 ; la nappe d'eau fournie = 86/105 ; la puissance qui manque à la nappe d'eau = 105/105 — 86/105 = 19/105.

*194. Le vase seul = 1 3/5^k. = 8/5^k. ; le vase plein = 5 6/7^k. = 41/7^k. ; les confitures = 41/7 — 8/5 = 205/35 — 56/35 = 149/35 = 4 9/35^k.

*195. Les fractions d'aunes vendues = 1/3 + 1/2 + 3/4 = 8/24 + 12/24 + 18/24 = 38/24. Les aunes vendues = 5 + 2 + 2 = 9 = (9 × 24)/24 = 216/24. La vente totale = 38/24 + 216/24 = 254/24. Reçu 15 aunes........ = (15 × 24)/24 = 360/24. Ce qui reste = 360/24 — 254/24 = 106/24 = (106 : 2/24 : 2) = 53/12 = 4 5/12 aunes.

---

(93) Quelle est la plus grande des deux quantités **19/22 + 5/7** et **31/43 + 15/19**, et de combien surpasse-t-elle l'autre ?

R. Pour comparer ces quantités, il faut les réduire au même dénominateur, et elles deviendront 108661/125818 + 89870/125818 et 90706/125818 + 99330/125818, ou, en additionnant, 198531/125818 et 190036/125818. La première quantité surpasse la seconde quantité ; leur différence = 198531/125818 — 190036/115828 = 8495/125818.

Exercices sur la multiplication des fractions.

*196. 1/8 de 4325 = 4325/8 ; 5/8 de 4325 = (4325/8) × 5 = (4325 × 5)/8 = 21625/8 = 2703 1/8.

*197. 1/48 de 16/21 = 16/(21 × 48) ; 35/48 de 16/21 = [16/(21 × 48)] × 35 = (16 × 35)/(21 × 48) = 560/1008 = (560 : 8/1008 : 8) = 70/126 = (70 : 2/126 : 2) = 35/68 = (35 : 7/63 : 7) 5/9.

*198. Le produit $= 99 \times 216 \times 310{/}308 \times 315 \times 972$ $= 6629040{/}96103440$; divisant les deux termes par 10 $=$ $662904{/}9610344$; divisant par 9 $= 73656{/}1067816$; divisant par 8 $= 9207{/}133477$.

*199. Ce qui revient dans la succession $= 4{/}5 \times 1{/}6$ $= (4 \times 1){/}(5 \times 6) = 4{/}30 = 2{/}15$ de 48927 f, 15. $1{/}15$ de la succession $= 48927$ f, $15 : 15 = 3261$ f, 81, sans reste ; $2{/}15 = 3261$ f, $81 \times 2 = 6523$ f, 62.

*200. La perte est proportionnelle au nombre d'actions ; le capitaliste a donc les $3{/}48$ de la perte. $1{/}48$ de 33425 f, 05 $= 696$ f, 355 $10{/}48 = 696$ f, 355 $5{/}24$; $3{/}48$ de 33425 f, 05 $= 696$ f, 355 $5{/}24 \times 3 = 2089$ f, 065 $15{/}24 = 2089$ f, 065 $5{/}8$; soit 2089 f, 07.

---

(94) Quelle est la différence entre les deux fractions 6/7 des 13/17 des 0,435 d'une certaine chose, et 0,05 des 4/5 des 3/4 de la même chose ?

R. 1re fraction $= 6 \times 13 \times 435{/}7 \times 17 \times 1000 =$ $33930{/}119000$; div. num. et dénom. par 10 $= 3393{/}11900$. 2e fraction $= 5 \times 4 \times 3{/}100 \times 5 \times 4 = 60{/}2000$; div. num. et dénom. par 10 et par 2 $= 6{/}200 = 3{/}100$. Réduisant ces deux fractions au même dénominateur pour les comparer ; 1re $= 339300{/}1190000$, 2e $= 35700{/}1190000$. Différence $= 339300{/}1190000 - 35700{/}1190000\ldots\ldots$ $= 303600{/}1190000$; divis. num. et dénom. par 100 et par 4 $= 3036{/}11900 = 759{/}2975$.

Exercices sur la division des fractions.

*201. $337{/}429 : 2427 = 337{/}(429 \times 2427) = 337{/}1041183$.

*202. $3426 : 5273{/}7425 = (3426 \times 7425){/}5273$ $= 25438050{/}5273 = 4824\ 1098{/}5273$.

*203. $3275{/}4269 : 37{/}29 = 3275{/}4269 \times 29{/}37 =$ $3275 \times 29{/}4269 \times 37 = 94975{/}157953$.

*204. 15 $5{/}8$ j. $= 125{/}8$ j. ; 351 m, 25 peut s'écrire aussi 35 $125{/}100$ m. Si les ouvriers avaient travaillé 125 jours, chaque jour ils eussent fait $35125{/}100$ m : 125$\ldots\ldots\ldots$ $= 35125{/}(100 \times 125)$. Mais c'est $125{/}8$ j. qu'ils ont travaillé ; le résultat ci-dessus est 8 fois trop faible ; il faut le multiplier par 8 et l'on aura $35\,125 \times 8/100 \times 125 = 281\,000/12\,500$; et div. num. et dénom. par 100 et par 5, $= 2810/125\ldots$ $= 562/25 = 22\ 12/25$ m. par jour.

*205. $7/9$ du champ ont demandé $3/4$ j. ; $1/9$ du champ a demandé ce temps : $7 = 3/4$ j. : $7 = 3/4 \times 7$ j. ; le champ entier demanderait 9 fois plus de temps $= 3/4 \times 7$ j. $\times 9 = 3 \times 9/4 \times 7 = 27/28$ de jour.

---

(95) Un parquet serait fait en 6 jours par un menuisier ; comme on est pressé, on lui adjoint un autre ouvrier moins habile qui eût mis 9 jours au même travail ; combien leur faudra-t-il de temps pour l'achever, maintenant qu'ils sont réunis ?

R. Par jour le 1er menuisier fera $1/6$ du parquet, et le second en fera $1/9$; tous deux réunis en feront $1/6 + 1/9 = 9/54 + 6/54 = 15/54 = 5/18$. Si $5/18$ du parquet demandent 1 jour, $1/18$ de ce parquet demandera 5 fois moins ou $1/5$ de jour ; le parquet entier demandera donc $1/5 \times 18 = 1 \times 18/5 = 18/5 = 3\ 3/5$ jours.

Problèmes de récapitulation sur les fractions.

102. $4/9 + 3/7 = 28/63 + 27/63 = 55/63$. Le 1er reçoit $1/63$ de plus que le second, et les pauvres ont $63/63 - 55/63 = 8/63$.

103. $1/725\,600$ de 50 f. $= 50/725\,600$; donc $362\,800/725\,600$ de 50 f. $= 50/725\,600 \times 362\,800 = 50 \times 362\,800/725\,600 = 18\,140\,000/725\,600$, et divisant successivement par 100 et par 8 le num. et le dénom. pour réduire à une plus simple expression, $= 181\,400/7256 = 22\,675/907 = 25$ fr..

104. Cette heure $= 12 : (2 \times 3 \times 4 \times 5/3 \times 4 \times 5 \times 6) = 12 : 120/360 = 12 : (120 : 10/360 : 10 = 12 : 12/36\ldots = 12 : (12 : 12/36 : 12) = 12 : 1/3 = 4$ heures.

105. Les fractions étant amenées à être de même espèce, c'est-à-dire au même dénom., faire l'addition des num., et

donner au total le dénom. commun pour dénom. On a donc
$3/7 + 4/5 + 8/9 + 10/11 + 11/12$
$= 17820|$
$+ 33264|$
$+ 36960|$ 11580 $= 163959/41580 = 163959 : 3/41580 : 3$
$+ 37800|$
$+ 38115|$
$= 51653/18860 = 3 \ 13073/13860$ mètres cubes.

106. Perte $= 2/5$ de 35525 fr. $= (35525/5) \times 2 \ldots\ldots$
$= (35525) \times 2) / 5 = 71050 / 5 = 14210$ fr. Ce qui lui reste
$+$ ce qu'il a perdu $=$ mise de fonds $+$ gain $= 35525 + 14210$
$= 49735$ fr. Mise de fonds $= 3/11$ de 49735 fr. $= (49735/11)$
$\times 3 = 149205/11 = 13564 \ 1/11$ fr. Le gain $= (11/11 — 3/11)$
$= 8/11$ de 49735 fr. $= (49735/11) \times 8 = 49735 \times 8/11)$
$= 397880/11 = 36170 \ 10/11$ fr. Preuve, mise de fonds
$13564 \ 1/11 +$ gain $36170 \ 10/11 = 49735$ fr.

----

*206. Dépense, quotité connue $= 2/7 + 1/4 + 2/9 ..$
$= 72/252 + 63/252 + 56/252 = 191/252$. Dépense, quotité
inconnue $= 252/252 — 191/252 = 61/252 = 12 \ f, 20. \ 1/252$
de la somme cherchée $= 12 \ f, 20/61$. La somme cherchée
$= 12 \ f, 60/61 \times 252 = 12 \ f, 20 \times 252/61 = 3074 \ f, 40/61$
$= 50 \ f, 40$.

*207. L'avoir $=$ capital $+$ gain $—$ perte. Gain $= 10545 \ f.$
$: (35/60 + 66/321 + 1/3) = 10545 \ f. : (4815/57780 \ldots\ldots$
$+ 11880/57780 + 19260/57780) = 10545 \ f. : 35955/57780,$
et, en divisant success. num. et dénom. par 9 et par 5
$= 10545 \ f. : 3995/6420 = 10545 \ f. : 799/1284 \ldots\ldots\ldots$
$= (10545 \ f.) \times 1284/799 = 13424220/799 = 16801 \ f. \ 276;$
reste, 176 ; soit 16801 f, 28. Perte $= 10545 \ f. : (99 / 315 ..$
$+ 1 / 11) = 10545 \ f. : (1089/3465 + 315/3465) = 10545 \ f.$
$: 1404/3465 = 10545 \ f. : 1404 : 9/3465 : 9 = 10545 \ f. : 156/385$
$= 10545 \times 385/156 = 4059825/156 = 26024 \ f, 519$; reste,
36 ; soit 26024 f, 52. Capital, 10545 f. $+$ gain, 16801 f, 28
$= 27346 \ f, 28.$ Avoir $= 27346 \ f, 28 — $ perte, 26024 f, 52
$= 821 \ f, 76$.

'208. Ce qu'il a mis de côté, pendant une année $=$ ce
qu'on lui a volé $+$ ce qui lui reste $= 521 \ f, 15 + 1325 \ f, 75$
$= 1846 \ f, 90.$ Ce qu'il a mis de côté chaque jour $= 1846 \ f, 90$
$: 365 = 5 \ f, 06. \ 7/9$ de ce ce qu'il a économisé $= (5 \ f, 06);$
$1/9$ de ce qu'il a économisé $= 5 \ f, 06/7.$ Il dépense chaque

jour 2/9 de ses économies = 5 f, 06/7 × 2 = 5 f. 06 × 2/7
= 10 f, 12/7 = 1 f, 445; reste, 5; soit 1 f, 45. Dépense,
année, = 1 f, 45 × 365 = 529 f, 25. Economie de l'année
= ce qui a été mis de côté + la dépense = 1846 f, 90....
+ 529 f, 25 = 2376 f, 11. Preuve (1/9 de l'économie
=) 5 f, 06/7; 9/9 = (5 f, 06 × 9) /7 = 6 f, 505; reste 5 ;
soit 6 f, 51. Année = 6 f, 51 × 365 = 2376 f, 15.

*209. Somme disponible 35430 f, — (frais = 35430 : 4)
= 35430 f, — 8857 f, 50 = 26572 f, 50. Il revient à chacun
des survivants 26572 f, 50 : 2 = 13286 f. 25.

*210. Perte dont la quotité seule est connue 3/7 + 3/5
+ 2/9 de 3577 f. = 135/315 + 189/315 + 70/315 de 3577 f.
= 394/315 de 3577 f. 1/315 de 3577 f. = 3577/315; 394/315
de 3577 f = (3577 / 315) × 394 = (3577 × 394) / 315
= 4474 f, 088; reste, 280; soit 4474 f, 08. Perte totale....
= 4474 f, 08 + 3066 f. = 7540 f, 08. Dû à l'ami 7540 f, 08
— 3577 f = 3963 f, 08. Les 3066 f représent. 3066/7540,08
de la perte totale = 3066 × 100/7540,08 × 100........
= 306600/754008, et divisant num. et dénom. par 8 et par
3 = 38325/94251 = 12775/31417 de la perte totale.

---

(96). Résoudre le calcul suivant :

$$[(3/4 + 7/15 + 12/17) \times (7/8 — 5/18)] : 9/16.$$

R. [(3/4 + 7/15 + 12/17) × (7/8 — 5/18)] : 9/16.........
= [(110160 + 68544 + 103680/146880) × (128520......
— 40800/146880)] : 9/16 = (282384/146880 × 87720/146880)
: 9/16 = (282384 × 87720/146880 × 14680) : 9/16........
= 24770724480/21573734400 : 9/16 = 24770724480 × 16
/21573734400 × 9 = 396331591680/194163609600 ; et en
divisant. success. num. et dénom. par 10, par 9, deux fois
par 8, par 4, par 3 et par 2, = 396331591680/194163609600
= 4403684352/2157373440 = 550460544/269671680.....
= 34403784/16854480 = 8600946/4213620............
= 2866982/1404540 = 1433491/702270 = 2 28951/702270.

Section 2me. — APPLICATIONS.

—

Règle de trois.

*211. 1re c. 0^m, 55, 1er E. 3457^m; 2e c. 1^m, 85, 2e E x^m.
+ l'étoffe est large — il faut de mètres; donc *raison inverse.*
D'où $x = (0, 55 \times 3457) : 1, 35 = 1901, 35 : 1, 35$.......
$= 190135 : 135 = 1408, 40\ 100/135 = 1408^m, 40\ 20/27$.

*212. 1re c. 265 m cu., 1er E. 12^m; 2e c. 3457 m cu., 2e.
E. x^m. + il y aura de mètres cubes + il y aura de longueur
de digue; donc *raison directe.* D'où $x = (12 \times 3457) : 265$
$= 156^m, 54\ 90/265 = 156^m, 54\ 18/53$.

*213. 1re c. 5^m, 1er E. 33 j. $= 792^h$; 2e c. 13^m, 2e E. x^h.
+ la pompe élèvera d'eau — il faudra de jours; *raison
inverse.* D'où $x = (792 \times 5) : 13 = 3960 : 13 = 220^h$
$= 9$ j. 4^h.

*214. 1re. c. 122 j., 1er. E. 16956 f; 2e. c. 99j. 2e. E. x f.
— la traversée dure — il faut de vivres: *raison directe.*
D'où $x = (16956 \times 99) : 122 = 1678644 : 122$.........
$= 13759$ f, $37\ 86/122 = 13759$ f, $37\ 43/61$. Le capitaine a reçu
(ce qu'il avait embarqué de vivres — ce qu'il en a dépensé)
$\times 2 = (16956 - 13759, 37\ 43/61) \times 2 = 3196, 62\ 18/61$
$\times 2 = 6393$ f, $24\ 36/61$.

*215. 1re. c. 96 j., 1er. E. 3427^h; 2e c. 88 j, 2e. E. x^h. + il
y aura d'hommes — il faudra de jours; *raison inverse.*
D'où $x = (3427 \times 96) : 88 = 328992 : 88 = 3738\ 48/88$
$= 3738\ 6/11^h$, c.-à-d. 3737 h. employés pendant 88 j. entiers
et 1 h. employé pendant 88 j. entiers + 6/11 de j.

———

(97) Pour faire une tente on emploierait 317^m
d'une toile ayant 0^m,97 de largeur; combien faudrait-il d'une autre toile ayant 1^m, 26 de largeur?

R. 1re c. 0^m, 97, 1er E. 317^m; 2e c. 1^m, 26, 2e E. x^m.
+ la toile est large — il en faut; *raison inverse.* On a x

$= (317 \times 0, 97) : 1, 26 = 307, 49 : 1, 26 = 30\,749 : 126$
$= 244^m, 03\,126/122 = 244^m, 03\,61/63.$

(98) Toute la maçonnerie d'un édifice se paie à un prix uniforme; on sait que les fondations ayant 2^m, 50 de profondeur ont coûté 2263 f, et que la somme totale payée est 27382 f, 30; peut-on connaître la hauteur de cet édifice au-dessus du sol?

R. Ayant déterminé la hauteur totale de cet édifice, en en retranchant la partie sous le sol, on aura la partie au-dessus du sol. Une règle de trois fera connaître cette hauteur totale. 1re c. 2263 f, 1er E. 2^m, 50; 2e c. 27382f, 30, 2e E. x^m. $+$ la somme payée est grande $+$ l'édifice a de hauteur; *raison directe*. On a donc $x = (2, 50 \times 27382, 30) : 2263 = 68455, 75 : 2263 = 30^m, 25$, hauteur totale. Donc la hauteur au-dessus du sol $= 30, 25 - 2, 50 = 27^m, 75.$

(99) 3273 k° de café ont été vendus 9164 f, 40. Combien faudrait-il vendre 5722 k° restants, pour gagner 7 centimes par k° sur le prix de la 1re vente?

R. Le gain à effectuer $= 0$ f, $07 \times 5722^k = 400$ f, 54. Le prix auquel seraient vendus 5722^k aux conditions de la 1re vente est trouvé par une règle de trois. 1re c. 3273^k, 1er E. 9164 f, 40; 2e c. 5722^k, 2e E. x f. $+$ le nombre de kilogrammes sera élevé $+$ il y aura de francs; *raison directe*. On a $x = (9164, 40 \times 5722) : 3273 = 52\,438\,696, 80 : 3273 = 16\,021$ f, 60. Ce qu'il faudra vendre $=$ le prix proportionnel $+$ le gain $= 16\,021, 60 + 400, 54 = 16\,422$ f, 14.

(100) On a drainé $2^h 30^a, 26$ et payé 629 f, 45 pour ce travail. Combien coûterait le drainage d'un marais de $37^h 27^a, 25$, le prix ci-dessus devant être augmenté de 1/5 à cause de la difficulté de l'opération? Négliger les fractions au-dessous des centimes.

R. Supposons que la difficulté soit la même dans les deux cas, on aura 1re c. $2^h 30$ a, 26, 1er E. 629 f, 45; 2e c. $37^h 27$ a, 25. 2e E. x f. $+$ le terrain à drainer est grand

$+$ la dépense est grande; *raison directe*. D'où $x =$ (620, 45
$\times$ 3727, 25 : 230, 26 $=$ 2 346 117, 5125 : 230, 26. . . . .
$=$ 234 611 751, 25 : 23 026 $=$ 10 188 f, 99 ; reste, 6 751. Le
coût serait 10 188, 99 $+$ (10 188, 99 : 5) $=$ 10 188, 99. . . . . .
$+$ 2 037,79 $=$ 12 226 f, 78.

(101) On doit creuser un canal de desséchement;
1365 hommes, en travaillant 8 heures par jour,
l'achèveraient en 237 jours ; on veut y employer
2222 hommes et les faire travailler 13 heures par
jour ; combien faudra-t-il de jours, d'heures et de
minutes pour ce travail?

R. Supposons d'abord que tous les hommes doivent travailler le même nombre d'heures par jour, on aura alors 1re
c. 1365^{ho}, 1er E. 237 j ; 2e c. 2222^{ho}, 2e E. x j. $+$ il y aura
d'hommes — il faudra de jours ; *raison inverse* ; $x =$ (237
$\times$ 1 365) : 2 222. Mais le nombre d'heures de travail est
différent ; 1re c. 8 heu., 1er E. (237 $\times$ 1 365) : 2 222 j ; 2e c.
13 heu., 2e E. y j. $+$ il y aura d'heures de travail par jour
— il faudra de jours ; *raison inverse* ; d'où on trouve que y
$=$ [(237 $\times$ 1 365/2 222) $\times$ 8] : 13 $=$ (237 $\times$ 1 365 $\times$ 8/2 222)
: 13 $=$ 237 $\times$ 1 365 $\times$ 8 / 2 222 $\times$ 13 $=$ 2 588 040 : 28 886
$=$ 89 j 7^{h} 8' 10 712/28 886 $=$ 89 j 7^{h} 8' 5 365/14 443.

Règle d'intérêts.

'216. L'intérêt de 1/2 0/0 par mois $=$ 6 0/0 pour 1 an
$=$ 12 0/0 pour 2 ans. Le commerçant devra (4 629 $\times$ 12) : 100
$=$ 55 548 : 100 $=$ 555 f, 48.

'217. Le nombre diviseur est 7 200, l'intérêt cherché étant
à 5 0/0 par an. 633 425 : 7 200 $=$ 87, 97 4 100/7 200. . . . . . .
$=$ 87 f, 97 41/72, soit 87 f, 98.

'218. Le temps $=$ 817 jours. L'intérêt $=$ [(13 995 $\times$ 8,5)
$\times$ 817] : (100 $\times$ 360) $=$ (118 957, 5 $\times$ 817) : 36 000 . . . . .
$=$ 97 188 277, 5 : 36 000 $=$ 2 699, 67 ; reste, 15 750 ; soit
2 699 f, 67. Elle recevra le capital $+$ les intérêts . . . .
$=$ 13 995 $+$ 2 699, 67 $=$ 16 694 f, 67.

'219. Intérêts de 1 an $=$ 945 f, 45 : 3 $=$ 315 f, 15. 5 f, sont

les intérêts de 100 fr. pendant un an ; 315 f, 15 sont les intérêts d'une somme cherchée et qu'une règle de trois fera connaître. 1re c. 5 f, 1er E. 100 f ; 2e c. 315 f, 15, 2e E, x. + les
intérêts produits seront élevés + le capital sera fort ; *raison
directe*. $x = (100 : 5) \times 315, 15 = (100 \times 315, 15) : 5 \dots$
$= 31\,515 : 5 = 6\,303$ fr.

*220. Du capital on recevra 10 000 — (2 000 + 1 500....
+ 3 500) = 10 000 — 7 000 = 3 000 fr. L'intérêt de 2 000 fr.
retirés au bout de 6 mois = (2 000 $\times$ 4, 5 $\times$ 6) : 1 200....
= 54 000 : 1 200 = 45 fr. L'intérêt de 1 500 fr. retirés au
bout de 9 mois = (1 500 $\times$ 4, 5 $\times$ 9) : 1 200 = 60 750 : 1 200
= 50 f, 625. L'intérêt de 3 500 f. retirés au bout de (13 mois
10 jours =) 270 jours = (3 500 $\times$ 4, 5 $\times$ 270) : 36 000....
= 4 252 500 : 36 000 = 118 f, 125. L'intérêt de 3 000 fr. retirés au bout de (2 ans 1 mois =) 25 mois = (3 000 $\times$ 4, 5
$\times$ 25) : 1 200 = 337 500 : 1 200 = 281 f, 25. Intérêt en tout
495 fr. ; somme à recevoir 3 495 fr.

---

(102) La rente 4 1/2 0/0 étant à 95 f, 10 (c'est-
à-dire que pour acheter 4 f, 50 de rente une dépense de 95 f, 10 étant nécessaire) quelle somme
devra donner une personne qui veut se créer une
rente de 550 fr. en cette valeur ? Gagnerait-elle
ou perdrait-elle, et combien, à placer cette somme
à 5 0/0 ?

R. 4 f, 50 de rente coûtent 95 f, 10 ; 1 fr. de rente coûtera
95 f, 10/4, 50 ; donc 550 fr, coûteront 95 f, 10/4, 50 $\times$ 550
= 95, 10 $\times$ 550/4, 50 = 52 305/4, 50 = 11 623 f, 33 1/3,..... ..
soit 11 623 f, 33. La rente ou les intérêts, à 5 0/0 de ......
11 623 f, 33 = 11 623 f, 33 $\times$ 5/100 = 581 f, 1 665 ; soit ...
581 f, 17. Il y aurait un gain = 581, 17 — 550 = 31 f, 17.

(103) On a placé, à 4 1/2 0/0, au moment de la
naissance d'un enfant, une somme de 450 fr. qu'on
retire avec les intérêts non capitalisés quand il a
10 ans ; on replace au même taux, le capital primitif augmenté des intérêts, et on les retire avec
les nouveaux intérêts non capitalisés quand cet

enfant a 20 ans ; la somme retirée est encore placée à 4 1/2 0/0 : quel est l'avoir du jeune homme
à sa majorité ?

R. A 4 0/0, 450 fr. donnent pour intérêt 450 × 4, 50/100
= 20 f, 25 ; pour 10 ans, 20 f, 25 × 10 = 202 f, 50. Capital
au bout de 10 ans = 450 + 202, 50 = 652 f, 50. A 4 0/0,
652 f, 50 donnent pour intérêt 652, 50 × 4, 50/100.......
= 29 f, 3625 ; pour 10 ans = 293 f, 625. Capital au bout de
20 ans = 652, 50 + 293, 625 = 946 f, 125. 946 f, 125 à 4 0/0,
donnent pour intérêt 946, 125 × 4, 50/100 = 42 f, 573625.
soit 42 f, 575. A 21 ans la fortune du jeune homme........
= 946, 125 + 42, 575 = 988 f, 70.

(104) Un marin est absent pendant 25 ans ; il
avait placé, avant son départ, à 5 0/0, une somme
de 335 f. ; tous les 5 ans les intérêts de cette somme
sont placés à 4 1/2 0/0 : quelle est la fortune du
marin à chacune des périodes de 5 ans, en ne tenant
pas compte des quantités au-dessous des centimes ?

R. Au bout de 5 ans, il a capital, ... 335f, »»
+ les intérêts = (335 × 5 × 5) : 100, ... 83 , 75

                    Total.......... 418 , 75

Au bout de 10 ans, il a le capital primitif .... 335 , »»
+ les intérêts de la 2e période de 5 ans, . 83 , 75
+ les intérêts de la 1re période, ... 83 , 75
+ les intér. à 4 1/2 0/0 de cette somme, 5 ans, 18 , 84

                                  186 , 34

                    Total.......... 521 , 34

Et ainsi de suite, ce qui donne au bout de 15 ans 647 f, 01,
au bout de 20 ans 800 f, 96 et au bout de 25 ans 989 f, 55.

Règle d'escompte.

*221. Intérêt ou escompte de 6 0/0 pour un an = (4 588
× 6) : 100 ; pour deux ans = [(4 538 × 6)] : 100 × 2....

= 4588 × 6 × 2 : 100 = 550 f., 56. On recevra le capital
— l'escompte = 4588 — 550,56 = 4037 f., 44.

*222. L'escompte
pour 4 mois = 4 0/0 = ... 341f, 60 ;
pour 1 mois ou 30 jours = 4 0/0 : 4
= 1 0/0 = ... 85 , 40 :
pour un jour = 1 0/0 : 30 = ... 85 , 40 : 30 ;
pour 33 jours = (1 0/0 : 30) × 33 = . (85 , 40 : 30) × 33,
= (85,40 × 33) : 30 = 2818, 20 : 30 = . 93 , 94.
A payer 8 540 — 93,94 = 8 446 f., 06.

*223. La valeur de la lettre de change = 25, 15 × 2 325
= 58 473 f., 75. 90 j. = 3 m. = 1 an : 4 ; donc l'escompte
pour 90 j. = 4 0/0 : 4 = 1 0/0 = 584, 7375, soit 584 f., 74.
On recevra 58 473, 75 — 584, 74 = 57 889 f., 01.

*224. L'échéance de l'effet est éloignée de 360 + 25 = 385
jours ; l'escompte à 1/2 0/0 par mois = l'escompte à 6 0/0 par
an ; sur 3 375 f., 25 = (3 375, 25 × 385) : 6 000 = 1 299 471, 25
: 6 000 = 1 299. 47 125 : 6 = 216, 59 354 1/6, soit 216 f., 59.
Change = 33, 7 525 : 4 = 8, 4 381 1/4, soit 8 f., 44. Commission = 33, 7 525 : 8 = 4, 2 190 5/8, soit 4 f., 22. Il doit payer
3 375, 25 — (216, 59 + 8, 44 + 4, 22) = 3 375, 25 — 229 f., 25
= 3 146 fr.

*225. 4 250 — 33 0/0 = 4 250 — 1 402, 50 =   2 847 f., 50
7 463 — 24 0/0 = 7 463 — 1 791, 12 = ...   5 671 , 88
15 226 — 12 0/0 = 15 226 — 1 827, 12 = ... 13 398 , 88
Au prix de facture....................... 13 550 , 00

Total brut..... 35 468 f., 26
Escompte à 4 0/0............... 1 418 , 73

Net à payer........ 34 049 f., 53

---

(105) Un banquier qui escompte un effet jouit,
immédiatement ; de la somme représentant l'escompte ; supposant qu'il en retire 5 1/2 0/0 par an,
quel bénéfice fera ce banquier en escomptant, à
6 3/4 0/0 par an, un effet de 3 007 f., 35 qui a

encore 13 mois et 7 jours à courir ?

R. Il faut d'abord établir la somme que le banquier aura pour escompte ; cette somme = [3 007,35 × (6 3/4 =) 27/4 × (13ᵐ 7 j. =) 297] : (100 × 360) = (3 007,35 × 27 × 397) : 100 × 360 × 4) = 32 235 784,65 : 144 000 = 223,859 ; reste, 88,650 ; soit 223 f., 86. Le banquier en jouit pendant 397 jours ; ils lui rapportent, à 5 1/2 0/0 par an, soit 11/2 0/0, un intérêt qui = (223,86 × 11/2 × 397) : (100 × 360) = (223,86 × 11 × 397) : (100 × 360 × 2) = 977 592, 62 : 72 000 = 13,577 ; reste 52 620 ; soit 13 f., 58.

(106) Le **7 janvier, la Banque m'escompte, à 1/2 0/0 par mois, les trois effets suivants : 1526 f., 50 au 11 août, 3220 f., 25 au 10 septembre et 1 237 f., 75 au 15 février de l'année suivante ; combien me revient-il ?**

R. Intérêt à 1/2 0/0 par mois = à 6 0/0 par an. Appliquant la règle du Nº 140, nous aurons : du 7 janvier au 11 août, 214 jours ; 1 526, 50 × 214 = 326 671 ; du 7 janvier au 10 septembre, 243 jours ; 3 220, 25 × 243 = 782 520, 75 ; du 7 janvier au 15 février de l'année suivante, 398 jours ; 1237, 75 × 398 = 492 624, 50. L'escompte = le total des nombres : 6 000 = (326 671 + 782 520, 75 + 492 624, 50) : 6 000 = 1 601 816, 25 : 6 000 = 266, 96 937 3/6 ; soit 226 f., 97. Il me revient le montant total des effets — 226, 97 = 5 984, 50 — 226, 97 = 5 757 f., 53.

Règle de partage proportionnel.

*226.

	× 342 = 1 546 636 518, qui : 1665 =	928 910	1368	
	× 540 = 2 442 057 660, qui : 1665 =	1 466 701	495	
4 522 329	× 387 = 1 750 141 323, qui : 1665 = 1 051 135	1548	1665
	× 27 = 122 102 883, qui : 1665 =	73 335	108	
	× 270 = 1 221 028 830, qui : 1665 =	733 350	1080	
	× 99 = 447 710 571, qui : 1665 =	268 895	396	

1665   4 522 329

*227. On trouve pour nombres proportionnels, dans les deux cas,

en négligeant les fractions,	en ne les négligeant pas,
0^m, 066	0^m, 066 10/15
0, 133	0, 133 5/15
0, 200	0, 200
0, 266	0, 266 10/15
0, 333	0, 333 5/15
0^m, 998 à 2 millim. près.	1^m, 000 exactement.

*228. Réduire d'abord les fractions au même dénom. : elles deviennent 480, 320, 576, 720, 600, avec 960 pour dénom. comm., Faisant abstraction du dénom., on est amené à partager la succession proportionnellement aux nombres 480, 320, etc.

$$234\,632 \begin{cases} \times\,480 = 112\,623\,360, \text{ qui} : 2\,696 = 41\,774^f, 24.\ 1^{re}\,\text{part.} \\ \times\,320 = 75\,082\,240, \text{ qui} : 2\,696 = 27\,849\ ,50,\ 2^e\ \text{—} \\ \times\,576 = 135\,148\,032, \text{ qui} : 2\,696 = 50\,129\ ,09,\ 3^e\ \text{—} \\ \times\,720 = 168\,935\,040, \text{ qui} : 2\,696 = 62\,661\ ,37,\ 4^e\ \text{—} \\ \times\,600 = 140\,779\,200, \text{ qui} : 2\,696 = 52\,217\ ,80,\ 5^e\ \text{—} \end{cases}$$

$$\quad 2\,696 \qquad\qquad\qquad\qquad 234\,632^f,\,00$$

*229. Il y a à partager le gain — la commission........ $= 7\,632,25 - 152,65 = 7\,479^f,\,60.$

$$7\,479,60 \begin{cases} \times\,13\,425 = 100\,413\,630\ ; \text{ qui} : 24\,879 = 4\,036^f, 08. \\ \times\,3\,427 = 25\,632\,589, 2\ ; \text{ qui} : 24\,879 = 1\,030\ ,29. \\ \times\,5\,960 = 44\,578\,416\ ; \text{ qui} : 24\,879 = 1\,791\ ,81. \\ \times\,2\,067 = 15\,460\,333, 2\ ; \text{ qui} : 24\,879 = 621\ ,42. \end{cases}$$

$$\quad 24\,879 \qquad\qquad\qquad\qquad 7\,479^f,\,60.$$

*230. Le nombre proportionnel pour

$$\begin{cases} \text{le } 1^{er}\ \text{associé} = 50\,200^f, \times 1\,095\,\text{j.} = 54\,969\,000 \\ \text{le } 2^e\ \text{associé} = 20\,500 \times 880 = 18\,040\,000 \\ \text{le } 3^e\ \text{associé} = 75\,885 \times 470 = 35\,665\,950 \\ \text{le } 4^e\ \text{associé} = 77\,000 \times 370 = 28\,490\,000 \\ \text{le } 5^e\ \text{associé} = 30\,800 \times 130 = 4\,004\,000 \end{cases}$$

Total des nomb. proport. 141 168 950

$$5\,427\,300 \times \begin{cases} 54\,969\,000 = 298\,333\,253\,700\,000, \\ 18\,040\,000 = 97\,908\,492\,000\,000, \\ 35\,665\,950 = 193\,569\,810\,435\,000, \\ 28\,490\,000 = 154\,623\,777\,000\,000, \\ 4\,004\,000 = 21\,730\,909\,200\,000, \end{cases} \text{qui} : 141\,168\,950 \begin{cases} = 2\,113\,306^f,46,\ 1^e\,\text{p.} \\ = 693\,555\ ,43,\ 2^e\text{—} \\ = 1\,371\,192\ ,54,\ 3^e\text{—} \\ = 1\,095\,310\ ,10,\ 4^e\text{—} \\ = 153\,935\ ,47,\ 5^e\text{—} \end{cases}$$

$$141\,168\,950 \qquad\qquad\qquad\qquad 5\,427\,300^f,00$$

(107) 12 personnes ont mis en commun une somme de 565 fr. chacune. Elles en doivent partager le total , avec les intérêts à 5 0/0 non capitalisés , au bout de 10 ans, proportionnellement à l'âge, entre celles qui survivront. 8 personnes sont mortes pendant ces 10 ans, et des 4 survivantes, une a 87 ans, l'autre 77 ans, la troisième 72 ans 6 mois, et la plus jeune 66 ans 11 mois ; quelle est la part revenant à chacune d'elles ?

R. La mise de fonds = 565 × 12 = ... 6780ᶠ
Les intérêts d'un an = (6780 × 5) : 100 = 339ᶠ ; les intérêts de 10 ans = 339 × 10 = ... 3390

La somme à partager = 6780 + 3390 = ... 10170ᶠ

L'âge des survivantes, réduit en mois =
pour la 1ʳᵉ 87 × 12 = ... 1044 mois,
— 2ᵉ 77 × 12 = ... 924 —
— 3ᵉ (72 × 12) + 6 = ... 870 —
— 4ᵉ (66 × 12) + 11 = ... 803 —

Somme des nomb. proport. 3641

$$10170 \begin{cases} \times\ 1044 = 10617480.\ \text{qui} : 3641 = 2916^f, 09,\ 1^{re}\ \text{part.} \\ \times\ \ 924 = 9397080.\ \text{qui} : 3641 = 2580, 91,\ 2^e\ — \\ \times\ \ 870 = 8887900.\ \text{qui} : 3641 = 2430, 07, 3^e\ — \\ \times\ \ 803 = 8166510.\ \text{qui} : 3641 = 2242, 93, 4^c\ — \end{cases}$$

3641   10170ᶠ, 00

(108) Trois propriétaires de chevaux de course se sont engagés à partager les prix qu'ils gagneraient, proportionnellement à la valeur des chevaux qu'ils engagent ; l'un doit avoir les 4/15 des prix gagnés, l'autre les 7/19 et le troisième le reste ; ces prix montent, pour une saison, à 103500 fr. : quelle est la part revenant à chacun ?

R. Il faut d'abord établir quelle fraction des prix revient au troisième ; elle = 1 — (4/15 + 7/19) = 1 — (76/285.... + 105/285) = 285/285 — 181/285 = 104/285. En supprimant le dénom. comm., les nomb. proport. sont : pour le 1ᵉʳ, 76 ; pour le 2ᵉ, 105 ; pour le 3ᵉ, 104.

$$103\,500 \begin{cases} \times\ \ 76 = \ \ 7\,866\,000, \text{ qui} : 285 = 27\,600^f, 00, \text{ 1}^{re}\text{ part.} \\ \times\,105 = 10\,867\,500, \text{ qui} : 285 = 38\,131\,,\,58,\ 2^e\ \ — \\ \times\,104 = 10\,764\,000, \text{ qui} : 285 = 37\,768\,,\,42,\ 3^e\ \ — \end{cases}$$

$$285 \qquad\qquad\qquad 103\,500^f,\,00$$

Règle de mélange ou d'alliage.

*231. $3\,453^k$ à 1^f, 25 le k^o ont coûté...... $3\,416^f$, 25

2 776 à 1 , 35 — — ...... 3 747 , 60

790 à 1 , 42 — → ...... 1 121 , 80

987 à 1 , 50 → — ...... 1 480 , 50

$8\,006^k$ ont coûté..... $10\,666^f$, 15

1 k^o a coûté 10 665. 15 : 8006 = 1 f., 33 ; reste, 1 817 ; soit
1 f., 33, à moins d'un centime près.

*232. 3^k, 535 = 100 parties cuivre + 15 parties étain
= 115 parties. Donc 1 partie = 3,535 : 115 = 0^k, 0307 9/23.
100 parties cuivre = 0,0307 9/23 $\times$ 100 = (0,0307 $\times$ 100)
+ (0,00009/23 $\times$ 100 = 3,0700 + (0,0000 900/23 =)......
0,0039 3/23 = 3^k,0739 3/23. 15 parties étain = 0,0307 9/23
$\times$ 51 = (0,0307 $\times$ 15) + (0,0000 9/23 $\times$ 15) = 0, 4605...
+ (0,0000 300/23 =) 0,0005 20/23 = 0^k, 4610 20/23. Poids total = 3,0739 3/23 + 0,4610 20/23 = 3^k, 535 ; soit, à 1 déci-
gramme près, cuivre, 3^k, 0739 et étain 0^k, 4611. Valeur du
métal = (3,0739 $\times$ 2,17) + (0,4611 $\times$ 2,40) = 6,671 363..
+ 1, 106 640 = 7 f., 778 003. Prix de vente = 7,778 003 $\times$ 5
= 38 f., 890 015 ; soit 38 f., 89.

*233. $1\,640^l$ à 0^f, 40 .... 656^f, 00

1 935 à 0 , 25 .... 483 , 75

Achat .... 1 139 , 75

Gain, 5 0/0 sur l'achat, soit 57 , 00

$3\,575^l$ devant produire .... $1\,196^f$, 75

1 litre doit être vendu 1 196, 75 : 3 575 = 0 f., 334 108/143 ;
soit 0 f., 33, à moins de 1 centime près.

*234. Etablir d'abord la part proportionnelle dans laquelle

chaque métal entre pour former 25 k. d'alliage.

$$25 \begin{cases} \times\ 20 = 500,\ \text{qui} : 100 = 5^{\text{k}},\ 000 \\ \times\ 30 = 750,\ \text{qui} : 100 = 7\ ,\ 500 \\ \times\ 50 = 1250,\ \text{qui} : 100 = 12\ ,\ 500 \end{cases}$$

$$\overline{10025^{\text{k}},\ 000}$$

L'argent vaut 220, 50 $\times$ 5 = 1 102 f., 50 ; le nickel vaut 15 $\times$ 7, 500 = 112 f., 50 ; le cuivre vaut 3, 30 = 41 f., 25 ; et les 25 k. d'alliage valent 1 102, 50 + 112, 50 + 41, 25...... = 1 256 f., 25. Le prix de 1 k. = 1 256, 25 : 25 = 50 f., 25.

*235. Le prix moyen, en ne considérant que le nombre de ventes, = (13, 70 + 14, 60 + 15, 05) : 3 = 43, 35 : 3...... = 14 f., 45. Le montant des ventes = (1 225 $\times$ 13, 70) + (857 $\times$ 14, 60) + (127 $\times$ 15, 05) = 16 818, 50 + 12 512, 20 + 1 911, 35 = 31 242 f., 05. La quantité vendue = 1 225 + 857 + 127 = 2 209^{hl}. Le prix de 1 hectol. = 31 242, 05 : 2 209 = 14 f., 143 ; reste, 163 ; soit 14 f., 14. L'erreur = 14, 45 — 14, 14 = 0 f., 31.

(109) On veut faire une cloche composée, en poids, de 73 parties de cuivre, 25 parties d'étain et 2 parties de zinc ; le cuivre est à 353 fr., l'étain à 380 fr., et le zinc à 72 fr., les 100 kilog. ; à combien reviendra le kilog. d'alliage ? Et la somme disponible pour cette cloche étant 4233 fr., quel poids pourra avoir cette cloche ?

R. L'alliage sera composé de 73 + 25 + 2 = 100 parties : considérons chacune de ces parties comme 1 kilog. et appliquant la règle, nous aurons valeur de 100^{k} d'alliage = (73 $\times$ 3, 55) + (25 $\times$ 3, 80) + (2 $\times$ 0, 72) = 259, 15 + 95... + 1, 44 = 355 f., 59 : valeur de 1^{k} d'alliage = 355, 59 : 100 = 3 f., 5559. Le poids de la cloche égalera 4 233 : 3, 5559... = 42 330 000 : 35 559 = 1 190^{k}, 415 ; reste, 33 015 ; soit..... 1 190^{k}, 415, à moins de 1 gramme près.

(110) Il y avait, dans le magasin incendié d'un marchand de métaux, 1 537^{k} de zinc valant 73 fr. les 0/0^{k}, 2 216^{k} de cuivre rouge valant 330 fr. les 0/0^{k}, 835^{k} étain valant 363 fr. les 0/0^{k} et 249^{k} de

vieux plomb valant **52 fr.** les 0,0ᵏ ; on demande quelle est la valeur du bronze formé par la fusion de ces métaux, sachant qu'il y a perte de 3/20 sur les quantités ci-dessus ?

R. 1 537ᵏ zinc à 0ᶠ,73 le kilog.......	1 122ᶠ,	01
2 216 cuivre à 3 ,33 —	7 312 ,	80
835 étain à 3 ,63 —	3 031 ,	05
249 plomb à 0 ,52 —	129 ,	48

4837ᵏ métal allié, valeur — 11 595ᶠ, 34

Perte $= (11\,595,34 : 20) + 3 = 569, 767$

$\times 3 =$ .... 1 739 , 301

Il reste net 9 856ᶠ, 039

La valeur de 1ᵏ d'alliage $= 9\,856,039 : 4837 = 2\,f., 03763$; reste 2 269. La valeur de 100ᵏ $= 2,03763 \times 100$ .... $= 203\,f., 763$; soit 203 f., 76 à moins de 1 centime près.

Problèmes divers.

108. 1 L. St. $= 25\,f., 20$; donc on recevra $25,20 \times 327 = 8\,240\,f., 40$.

109. Elle lui a coûté 1 321 f., 30 $- (1\,321,30 \times 13) : 100 = 1\,321,30 - 171,769 = 1\,149, 531$; soit 1 149 f., 53.

110. La part revenant à chaque action placée $= 321\,437 : 563 = 570, 93\,341/563$; soit 570 f., 94. La perte par action $= 1\,000 - 570,94 = 429\,f., 06$.

111. Il recevra $(1\,321 + 739,50 =)$ 2 060 f., 50 — l'escompte. Celui-ci, pour la 1ʳᵉ somme, $= (1\,321 \times 5, 5 \times 105) : 36\,000 = 762\,877,5 : 36\,000 = 21, 19$; reste, 3 750 ; soit 21 f., 19. Pour la 2ᵉ somme il $= (739, 5 \times 5, 5 \times 464) : 36\,000 = 1\,887\,204 : 36\,000 = 52, 42$; reste , 8 400 ; soit 52 f., 42. Il recevra donc 2 060, 50 $- (21, 19 + 52, 42.... =) 73, 61 = 1\,986\,f., 89$.

112. La somme est placée pendant 1 194 jours. L'intérêt produit $= (3\,329 \times 4, 75 \times 1\,194) : 36\,000 = 18\,790\,423, 50 : 36\,000 = 521, 956\,12/25$; soit 521 f., 96.

113. Trois quantités sont connues et une quatrième est inconnue : règle de trois. 1re cause 0m, 65, 1er effet 526 f. ; 2e cause 0m, 88, 2e effet *x*. + l'épaisseur augmente + le prix augmente, *raison directe*; d'où *x* = (526 × 0,88)... : 0, 65 = 462, 88 : 0, 65 = 46 288 : 65 = 712, 123 1/3 ; soit 712 f., 12.

114. La somme à payer = 10 000 — [(10 000 × 11) : 100] = 10 000 — (110 000 : 100) = 10 000 — 1 100 = 8 900 fr.

115.

$$75,15581 \times \begin{cases} 11\,150 & = 206\,450\,612,50 \\ 729 & = 13\,497\,481,75 \\ 9\,200 & = 170\,344\,900 \\ 3\,006,25 & = 55\,692\,973,4375 \end{cases}, \quad qui : 24\,085,25 \begin{cases} = 8\,571^{f}, 66, \text{1re part.} \\ = 560, 43, \text{2e} — \\ = 7\,072, 58, \text{3e} — \\ = 2\,311, 08, \text{4e} — \end{cases}$$

24 085, 25   18 515f, 75

116. Autant de fois 750 contiendra 4, 50, autant de fois il faudra dépenser 92, 75. Or 750 : 4,50 = 75 000 : 450.... = 166 2/3. 92, 75 × 166 = 15 406 f., 50, et 92, 75 × 2/3... = (92, 75 × 2/3 = 61 f., 83 1/3 : en tout 15 406, 50........ + 61, 83 1/3 = 15 468 f., 33 1/3.

117. Les prix étant donnés pour 50k doivent être doublés pour avoir le prix de 100k et divisés par 100 pour connaitre le prix de 1k.

2/3 = 4/6 de Bourbon	= 10k, à 3f	= 30f, 00
1/6 de Martinique	= 2 ,5 à 3 , 10	= 7 , 75
1/6 de Moka	= 2 ,5 à 3 , 50	= 8 , 75
6/6 mélange	= 15k	Prix.. 46 , 50
Commission de mélange, 2 0/0.......		0 , 93
	Il est dû.......	47f, 43

118. 1 écu valant 100 baïoques et 1 écu valant 5 f., 36, 359 écus 55 baïoques = 5, 36 × 359, 55 = 1 927 f., 188.

119. Réduire les fractions au même dénominateur, et elles deviennent 378/945, 405/945, 1 035/945 et 315/945. Supprimer le dénom. com., les numérat. seront les nomb. proport.

$$137\,421 \times \begin{cases} 378 & = 51\,945\,138 \\ 405 & = 55\,655\,505 \\ 1\,035 & = 142\,230\,735 \\ 315 & = 43\,287\,615 \end{cases}, \quad qui : 2\,133 \begin{cases} = 24\,353^{f}, 09, \text{1re part.} \\ = 26\,092, 60, \text{2e} — \\ = 66\,681, 07, \text{3e} — \\ = 20\,294, 24, \text{4e} — \end{cases}$$

2 133   137 421f,

120. Soit un alliage de 100^k, il sera formé de
95^k de cuivre, à 3^f, 36 = 319^f, 20
4 d'étain   à 3 , 85 = 15 , 40
1 de zinc   à 0 , 85 =   0 , 85

100^k d'alliage coûtent.... 335^f, 45 ; 1 k. coûte 100 fois moins = 3 f., 3 545 ; 1 gr. coûte 1 000 fois moins que 1 k. = 0 f., 0 033 545 ; 5 gr. coûtent 0 f., 0 167 725 ; il reste, pour les frais de fabrication, 0, 05 — 0, 0 167 725 = 0 f., 0 332 975.

121. Le vase devra contenir 228 $+$ (228 : 1/23) = 228 $+$ (228 : 23) = 228 $+$ 9, 913 1/23 = 237^l, 913 1/23.

122. Comptant, 1 359, 15 — 33, 98 = 1 325 f., 17 ; au bout de 1 mois, 1 359, 15 — 1 331 f., 97 ; au bout de 3 mois, 1 359 15 — 13, 59 = 1 345 f., 54.

123. Si 5 pièces pèsent 32^{gr}, 25 805, 1 pièce pèsera 5 fois moins. = 6^{gr}, 45 161. Le lingot étant à 9/10es ne sera pas augmenté par l'alliage. Autant de fois 3^k, 79 265 contiendront 6^{gr}, 45 161, autant il y aura de pièces de 20 fr. 3 792, 65 : 6, 45 161 = 3 792, 65 000 : 6, 45 161 = 379 265 000 ...... : 645 161 = 587, 861 ; reste 7 379 ; soit 587, 861 pièces qui $\times$ 20 = 11 757 f., 22.

124. Intérêt de 1 000 f., à 4 1/2 0/0 pour 1 an = 45 f. ; pour 2 ans = 90 f.. Intérêt de 1 000 f., à 4, 75 0/0 pendant 21 mois, = [1 000 $\times$ (4, 75 $\times$ 21)] : 1 200 = 99 750 : 1 200 = 83 f., 125. Il y a perte pour le 2e placement ; elle égale 90 — 83, 125 = 6 f., 875.

125.
1 p. argent = 3 500 : 100 =   35^k, qui $\times$ 220^f, 56 = 7 719^f, 60
21 p. étain =   35 $\times$ 21 = 735 , qui $\times$ 3 , 80 = 2 793 , 00
78 p. cuivre =   35 $\times$ 78 = 2 730 , qui $\times$ 3 , 55 = 9 691 , 50

100 parties, pesant ....3 500^k, coûtent .... 20 204^f, 10
20 0/0 au fondeur = (20 204, 10 $\times$ 20) : 100 =   4 040 , 82

Prix total..... 24 244^f, 92

*236. 3/7 $+$ 2/8 $+$ 0, 3 475 = 0, 42 857 $+$ 0, 66 666 ..... $+$ 0, 3 475 = 1, 44 273. || 5/8 $+$ 0, 227 = 0, 625 $+$ 0, 227 = 0, 852. || 1, 44 273 — 0, 852 = 0, 59 073. || 0, 59 073..... $\times$ 3, 53 = 2, 0 852 769. || 2, 0 852 769 : 1, 788 = 2 085, 2 769 : 1 788 = 1, 16626, à moins d'un cent-millième près pour toutes ces opérations.

8

*237. Le nombre de litres $= (15 \times 220) + (35 \times 230)\ldots$ $= 3\,300 + 8\,050 = 11\,350^l$. Le coût $= (15 \times 72) + (35 \times 65)$ $+$ les frais $= 1\,080 + 2\,275 +$ les frais $= 3\,355\ldots\ldots\ldots$ $+ [(3\,355 \times 2) : 100] = 3\,355 + 67, 10 = 3\,422$ f. 10. Le nombre de barriques contenues dans $11\,350^l = 11\,350\ldots$ $: 228 = 49, 78$; reste, 16 : soit 49, 78 barriques. Leur produit $= 120 \times 49, 78 = 5\,973$ f., 60. Le gain total $\ldots\ldots$ $= 5\,973, 60 - 3\,422, 10 = 2\,551$ f., 50. Le gain par litre $= 2\,551, 50 : 11\,350 = 0, 224$; reste, 9 100; soit 0 f., 224.

*238. Dans la 1re période du voyage, il est dépensé, par jour 1/122 des vivres ; soit pour 30 j., 30/122, et il en reste 122/122 — 30/122 $= 92/122$. La 2e période se forme de.... $(122 — 30 =) 92$ j., $+$ la prolongation 28 j., $= 120$ j. On dépensera par j., $92/122 : 120 = 92/(122 \times 120) = 92/25\,620$, et en divisant par 4 $= 23/6\,405$. La différence des rations $= 1/122 — 23/6\,405 = 6\,405/781\,410 — 2\,806/781\,410\ldots\ldots$ $= 3599/781\,410 = 3599 : 781\,410 = 0, 0\,046$; reste 45 140; soit 0,0046 à moins d'un dix-millième près.

*239. La rente de chaque taux sera de 5 000 fr. Autant de fois 5 000 contiendra de fois 3, autant il faudra dépenser de fois 68 f., 05 pour acheter la rente à 3 0/0, soit 1 666, 666..., et la dépense sera 68, 05 $\times$ 1 666, 666 $= 113\,416$ f., 62. Autant de fois 5 000 contiendra de fois 4, 5, autant il faudra dépenser de fois 95 f., 50 pour acheter la rente à 4 1/2 0/0, soit... 1 111, 111..., et la dépense sera 95, 50 $\times$ 1 111, 111$\ldots\ldots$ $= 106\,111$ f., 10. La dépense totale $= 113\,416, 62 + 106\,111, 10$ $= 219\,527$ f., 72.

*240 La surface de 1 fenêtre de rez-de-chaussée $= 2, 30$ $\times$ 1, 20 $= 2^{mc}, 76$; celle des 4 fenêtres $= 2, 76 \times 4\ldots\ldots$ $= 11^{mc}. 04$. La surface de 1 fenêtre du 1er étage $= 2, 10\ldots$ $\times$ 1, 05 $= 2^{mc}, 2\,050$; celle des 5 fenêtres $= 2, 2\,050 \times 5\ldots$ $= 11^{mc}, 0\,250$. En tout 11, 04 $+$ 11, 0250 $= 22^{mc}, 0650$. Le prix $= 7, 25 \times 22, 0\,650 = 159$ f., 97 125; soit 159 f., 97.

*241. Pour pouvoir comparer, il faut trouver la valeur de 26 558 fr. en livres. 3 quantités sont connues, une 4e est à déterminer par une règle de trois. 1re cause, 80 fr. ; 1er effet, 81^l. 2e cause, 26 558 fr. ; 2e effet, x^l. Plus la cause augmente, plus l'effet augmente : *raison directe*. D'où $x\ldots\ldots$ $= (26\,558 \times 81) : 80 = 2\,151\,198 : 80 = 26\,889^l$; reste, 78. En multipliant ce reste par 20 et continuant la div. on obtient 19^s; reste 40. En multipliant par 12 et continuant la div. on obtient 6^d, sans reste, et le quotient total est 26 889^l 19^s 6^d. La plus-value $= 26\,889^l$ 19^s 6^d — 17 496^l 17^s 6^d 9393^l 2^f.

*242. 1re consommation = 140 × 4,5 × 5 = 3150l; 2e consommation = 92 × 4,5 × 5 = 2070l; économie = 3150 — 2070 = 1080l; et le litre égalant 1 décim. cub. = 1080 décim. cub. = 1 m. cub., 080 décim. cub.

*243. La quantité de chêne = 7, 50 × 3, 25 × 3, 75... = 91 m. cub.. 406250. La valeur du chêne = 65 .... × 91, 406 250. = 5941 f., 40625; soit 5 941 f., 41. La valeur des soliveaux = 1, 50 × 5792 = 8688 f.. La valeur du plancher = 3, 25 × 1980 = 6 435 f.. La valeur du bois de corde = 4, 75 × 45, 45 = 215 f., 8875; soit 215 f., 89. La valeur totale du chantier = 5 941, 41 + 8 688 + 6 435..... + 215, 89 = 21 280 f., 30.

*244. L'introduction étant 135 645k, le bénéfice serait.... 135 645 : 4 = 33 911k, 25. Valeur = 33 911, 25 × 37, 50 = 1 271 671 f., 875; bénéfice pour 10 ans 1 271 671, 875 × 10 = 12 716 718 f., 75.

'245. La dépense pour laquelle la quantité est connue... = (17, 50 × 25, 50) + (19, 75 × 25, 50) + (23, 15 × 25, 50) = 446, 25 + 503, 625 + 590, 325 = 1 540 f., 20. Il reste pour le drap à 13 f., 25, 2 541, 90 — 1 540, 20 = 1 001 f., 70. La quantité de ce drap = 1 001, 70 : 13, 25 = 100 170 : 1 325 = 75m, 60.

*246. Le 1er donne, huile = (1 233, 500 × 2, 725) + (728 × 2, 4025) = 11 132, 3375 + 785, 6 175, soit 11 132, 34 + 785, 62 = 11 917 f., 96; laquelle somme réduite de 6 0/0 = 11 917, 96 — 715, 08 = 11 202 f., 88 net. Le 2e donne cacao, (158, 500 × 2, 1 850) + café, (3 450 × 0, 9 975).... = 346, 3 225 + 3 441, 3 750, soit 346, 32 + 3 441, 38...... = 3 787, 70; laquelle somme réduite de 4 0/0 = 3 787, 70 — 151, 51 = 3 636 f., 19. Le 2e doit au 1er en espèces..... 11 202, 88 — 3 636, 19 = 7 566 f., 69.

'247. Achat, (947 × 2, 15) + (336 × 1, 45) + (779 × 2, 55) + (135 × 2, 35) = 2 036, 05 + 487, 20 + 1 986, 45 + 317, 25 = 4 826 f., 95. Escompte à 4 0/0 = (4 826, 95 × 4) : 100... = 193 f., 08. A payer, 4 826, 95 + 193, 08 = 4 633, 87. Commission, 4 633, 87 + [(4 633, 87 × 2) : 100] = 4 633, 87 + 92, 68 = 4 726 f., 55. A rendre, 11 345, 55 — 4 726, 55 = 6 619 fr. Prix moyen, 4 726, 5 : (le nombre de kilog. achetés = 947 + 336 + 779 + 135 =) 2 197 = 2 f., 15, à moins de 0 f., 01 près.

*248. 14 h. = 840'. Autant de fois 10' sont contenues dans 840', autant de fois il price = 840 : 10 = 84 fois. Il perd, par jour, 84 fois 2' 1/2 = 210'. Perte pour 1 année commune = 210 × 365 = 76 650 ; pour 30 ans = 76 650 × 30...... = 2 299 500. Perte pour 1 année bissextile = 210 × 365 = 76 860 ; pour 10 ans = 76 860 × 10 = 768 600. Perte totale = 3 068 100' = 51 135 h. = 2130 j. 15 h. = 71 m. 0 j. 15 h. = 5 a. 11 m. 0 j. 15 h.

*249. Cloisons = 67,15 × 3,25 = 218 ^{mc}, 2375 ; 1 imposte = 0,50 × 0,30 = 1 ^{mc}, 50 ; 5 impostes à déduire.... = 1,50 × 5 = 7^{mc}, 50 ; il reste pour les cloisons 218, 2 375 — 7, 50 = 210^{mc}, 7 375 ; à 3 f., 375 = 711, 2 390 625 ; soit 711 f., 24. Verre cannelé, 7^{mc}, 50 à 8 f., 55 = 64, 125 ; soit 64 f., 13. Plafond, 1 985^{mc}, à 1 f, 575 = 3 126, 375 ; soit 3 126 f., 38. A recevoir 711, 24 + 64, 13 + 3 126, 38....... = 3 901 f., 75.

*250. Le nombre de parties de chaque métal qui composera cette cloche = 70 + 25 + 3 + 2 = 100 parties ; il y aura donc en

cuivre,	70/100 de 6 000^k	=	4 200^k	; à 3^f, 25,	13 650^f, 00
étain,	25/100 de 6 000	=	1 500	; à 3, 75,	5 525, 00
nickel,	3/100 de 6 000	=	180	; à 15, 00,	1 080, 00
zinc,	2/100 de 6 000	=	120	; à 0, 77,	92, 40
	100/100 = ...		6 000^k valant		20 347^f, 40

(111) Combien a-t-on payé pour les frais d'un chargement de charbon de terre de 174 tonneaux anglais, ce tonneau valant 1 015 k. Le fret est à 16 f., 20 par tonneau anglais ; la mise à terre et le charroi en magasin à 2 f., 30 par tonneau de 1 000 k. ; les droits de douane sont de 15^c par 100 k. avec double décime et quittance de 25^c. Combien a-t-on payé le charbon en Angleterre, celui-ci revenant, en magasin, à 32 f., 68 le tonneau français ?

R. 1^t anglais valant 1 015^k, 174^t valent 176 610^k = 176^t, 610.

Fret : 16, 20 × 174 ;		2 818^f, 80
Mise à terre et charroi ; 2, 30 × 176, 610, .		406, 20
Droits : 0, 0 015 × 176 610,......	264, 91	
1er décime, ...	26, 49	
2° décime, ...	26, 49	318, 14
Quittance, ...	0, 25	
Montant des frais....		3 543^f, 14

176ᵗ, 610 reviennent, en magasin, à 32, 68 × 176, 610 . . . . .
= 5 771 f., 61 ; l'achat en Angleterre = 5 771, 61 — 3 543, 14
= 2 228 f., 47.

(112) En 1857, le produit total de la télégraphie privée a été, pour Paris seulement, de 1 466 290ᶠ, 50, et le prix moyen de la dépêche a été de 8ᶠ, 06 ; combien de dépêches ont été transmises ? Supposant, par suite de réduction du prix des dépêches à un taux moyen de 2ᶠ, 25 celles-ci devenues 5, 37 fois plus nombreuses, quelle plus grande somme recevrait l'Etat ?

R Le nombre des dépêches est trouvé par la division de 1 466 290, 50 par 8, 06 = 181 921, 9 dépêches, à moins de 0, 1 près. Le nombre qu'elles atteindraient, à 2 f., 25 . . . . . . = 181 921, 9 × 5, 37 = 976 920, 6 à moins de 0, 1 près ; leur produit égalerait 2, 25 × 976 920, 6 = 2 198 071 f., 35. L'Etat recevrait en plus 2 198 071, 35 — 1 466 290, 50 . . . . . . = 731 780 f., 85.

(113) Dans les mines anglaises de charbon de terre, en 1856, 230 000 personnes étaient employées et 66 500 000 tonnes furent extraites. Il y eut 801 accidents dans lesquels 1 027 personnes périrent. On demande, en moyenne, sur combien de personnes employées 1 périt, et sur combien de tonnes extraites 1 personne périt.

R. Sur les 230 000 personnes, 1 027 ont péri ; sur x personnes, 1 a péri. X est le facteur inconnu d'un produit . . . . . 230 000 dont 1 027 est le facteur connu ; x est donc le quotient de la division de 230 000 par 1 027 = 223, 95 personnes ; reste, 335 ; soit 224 personnes sur lesquelles 1 a péri. Un raisonnement semblable amènerait à faire connaître qu'il a péri 1 personne sur 64 751, 703 tonnes extraites ; reste, 1 019 ; soit sur 64 752 tonnes extraites.

(114) A combien reviennent, à un raffineur, les 100ᵏ du mélange de 13 540ᵏ sucre à 113 f., 06, 7 256ᵏ, 5 à 123 f., 22 786ᵏ à 122 f., 67 et 5 233ᵏ à 109 f., 25, afin qu'il puisse établir le prix de son sucre raffiné ?

R. $\quad$ Total, 48815^k, 5. $\left\{\begin{array}{l} 13540^k \quad, \text{à } 113^f, 06, 15308^f, 32 \\ 7256 \;,5, \text{à } 123 , 00, \; 8925 , 50 \\ 22786 \quad, \text{à } 122 , 67, 27951 , 59 \\ 5233 \quad, \text{à } 109 , 25, \; 5715 , 05 \end{array}\right\}$ Total, 57900^f, 46.

1 kilog. coûte 57900 f., 46 : 48815, 5 $=$ 1 f., 1861 : reste, 395450 ; soit 118 f., 61 les 0/0^k, à moins de 0, 01 près.

(115) 3 locomotives, dans les mêmes circonstances, peuvent traîner un même train à une même distance, l'une en **25** heures, l'autre en **18** heures et la 3e en **15** heures ; si toutes les trois réunissaient leurs forces combien d'heures mettraient-elles à atteindre le but ?

R. La 1re locomotive en 1^h fait 1/25 du chemin ; la 2e 1/18 du chemin et la 3e 1/15 : réunissant leurs forces, en 1^h elles feraient 1/25 $+$ 1/18 $+$ 1/15. $=$ 270/6750 $+$ 375/6750 ..... $+$ 450/6750 $=$ 1095/6750 $=$ 219/1350 $=$ 73/450. En 1^h elles feraient 73/450 de la route ; autant de fois 450 contient 73, autant d'h. elles emploieraient ; réduisant les restes successifs en minutes et en secondes, on arrivera à 6^h 9' 51" à moins de 1 seconde près.

(116) Une succession se compose de **25620** fr. Un premier héritier a **2/7** de la part d'un second ; celui-ci à **3/5** de la part d'un troisième ; combien revient-il à chacun à moins d'un centime près ?

R. La part du 1er $=$ 2/7 de la part du 2e, et celle-ci ..... $=$ 3/5 de la part du 3e ; donc la part du 1er $=$ les 2/7 des 3/5 de la part du 3^e $=$ 3/5 $\times$ 2/7 $=$ 6/35. La somme des parts $=$ 6/35 $+$ 3/5 $+$ 1 $=$ 30/175 $+$ 105/175 $+$ 175/175 $=$ 310/175 $=$ 62/35. Le 3e héritier a 62/35 de 25620 $=$ 25620 : 62/35 $=$ (25620 $\times$ 35)/62 $=$ 896700/62 $=$ 14462 f., 90. Le 2e a 3/5 de 14462, 90 $=$ 14462, 90 $\times$ 3/5 $=$ (14462, 90 $\times$ 3)/5 ..... $=$ 43388, 70/5 $=$ 8677 f., 74. Le 1er a 2/7 de 8677, 74 .... $=$ 8677, 74 $\times$ 2/7 $=$ (8677, 74 $\times$ 2)/7 $=$ 17355, 48)/7 ..... $=$ 2479 f., 36. Preuve 2479, 36 $+$ 8677, 74 $+$ 14462, 90 $=$ 25620 fr.. *Nota.* On peut encore partager 25620 propot. aux numérat. 30, 105, 175, ou en les divisant par 5, proport. à 6, 21, 35, ce qui abrège les calculs.

(117) Des deux côtés d'un remblai, on établit un mur de soutenement sur une longueur de 135^m.

Chacun de ces murs est divisé, pour l'épaisseur, en 5 parties de 5ᵐ de haut chacune, ayant la 1ʳᵉ, 3ᵐ d'épaisseur, la 2ᵉ 2ᵐ, 75 avec une rangée de granit de 50ᶜᵐ de hauteur sur 35ᶜᵐ en profondeur, la 3ᵉ partie 2ᵐ, 50 de profondeur, la 4ᵉ partie 2ᵐ et la 5ᵉ partie 1ᵐ, 50; le granit est à 17 f., 27 le m. cub., la maçonnerie ordinaire à 5 f., 10 le m. cub,; l'entrepreneur a 5 0/0 sur le montant de ce travail: combien y a-t-il à payer ?

R. 1ʳᵉ partie, $135 \times 5 \times 3 =$ ..... 2 025 m. cub.,
2ᵉ partie, $135 \times 5 \times 2, 75 =$.. 1 856, 250
moins granit, $135 \times 0, 50 \times 0, 33 = 22, 275$

Reste = ... ======= 1 833	, 975
3ᵉ partie, $135 \times 5 \times 2, 50 =$ 1 687	, 500
4ᵉ partie, $135 \times 5 \times 2, =$ 1 350	, 000
5ᵉ partie, $135 \times 5 \times 1, 50 =$ 1 012	, 500

Total .... 7 908 m. cub., 975

Maçonnerie ordinaire 7 908, 975 $\times$ 2 = 15 817 m. cub., 950
à 5 f., 10 = ... 80 671ᶠ, 55
Granit, (22 m. cub, 275 $\times$ 2) à 17 f., 27...... 769 , 38

Total .... 81 440 , 93
5 0/0 pour l'entrepreneur, ... 4 072 , 05

A payer 85 512ᶠ, 98

(118) Je touche aujourd'hui, pour rente de 19 510ᶠ, à 5 0/0, une somme de 6 888ᶠ, 88 ; combien de temps cette somme a-t-elle été placée ?

R. 19 510 f., à 5 0/0, pendant 1 an produisent 975 f., 50. Autant de fois 6 888, 88 contiendra 975, 50, autant il y aura d'années que cette somme est placée. On trouve 7 a. 0 m. 14 j., à moins de 1 jour près.

(119) On a des marchandises pour 13 527 fr. avec un crédit d'un an, ou faculté d'escompte à 9 0/0 par an. On paie 3 222 fr. comptant, 5 200 fr. au bout de 3 mois, 2 200 fr. au bout de 7 mois ; combien doit-on à l'échéance, et quelle sera la somme totale payée ?

R. L'escompte à 9 0/0 par an = 3/4 0/0 = 0, 75 0/0 par mois.

```
Sur   3222f, escte à 9 0/0 = ............... 289f, 98
 —    5200 ,   — à (0, 75 × 9) = 6, 75 0/0 = 351 , 00
 —    2200 ,   — à (0, 75 × 5) = 3, 75 0/0 =  82 , 50
     ——————                                  ——————
  10622f, payés.            Escompte acquis  723f, 48
```

Il reste à payer au bout d'un an 13527 — (10622 + 723, 48) = 13527 — 11345, 48 = 2181 f., 52. On aura payé en tout 10622 + 2181, 52 = 12803 f., 52.

(120) Le bisaïeul, l'aïeul, le père et le fils étaient à la même table ; le père avait 8 fois l'âge du fils ; l'aïeul le double de la somme de l'âge du père et du fils ; et le bisaïeul la somme de l'âge de ses trois descendants, et l'âge des 4 réunis formait 162 ans : quel était l'âge de chacun ?

R. Supposons 1 an l'âge de l'enfant, celui du père sera 1 × 8 = 8 ans, celui de l'aïeul (1 + 8) × 2 = 9 × 2..... = 18 ans ; celui du bisaïeul 1 + 8 + 18 = 27. Il faut partager 162 ans proportionnellement aux nombres 1, 8, 18 et 27.

```
      ⎧ ×  1 =  162 ; qui : 54 =  3 ans, âge du fils.
 162  ⎪ ×  8 = 1296 ; qui : 54 = 24 ans, âge du père.
      ⎨ × 18 = 2916 ; qui : 54 = 54 ans, âge de l'aïeul.
      ⎩ × 27 = 4374 ; qui : 54 = 81 ans, âge du bisaïeul.
         ————                  —————
          54                   162 ans, somme des âges.
```

(121) Un navire a éprouvé une perte de 1272 f., 35 sur les marchandises qui composaient son chargement ; elles étaient assurées par 4 personnes, la 1re ayant couvert 9500 f., la 2e 7500 f., la 3e 2000 f., et la 4e 1500 f., : quelle est la part proportionnelle de perte de chacun de ces 4 assureurs ?

```
 R.        ⎧ × 9500 = 12087325 ⎫          = 589f, 63, part du 1er.
           ⎪ × 7500 =  9512625 ⎪ qui:20500 = 465 , 49, part du 2e.
 1272,35   ⎨ × 2000 =  2544700 ⎬          = 124 , 13, part du 3e.
           ⎩ × 1500 =  1908525 ⎭          =  93 , 10, part du 4e.
                                            ——————————
                                             1272f, 35.
```

(122) 48 ouvriers ont fait un mur ayant 130m de long 3m, 75 de haut et 0m, 60 d'épaisseur. Combien

faudra-t-il employer d'ouvriers, dans les mêmes circonstances, pour faire un mur de 73^m de long, 4^m de haut et 0^m 65 d'épaisseur, avec un autre mur de 27^m de long, 2^m, 80 de haut et 0^m, 55 d'épaisseur?

R. Déterminer d'abord le cubage des différents murs. 1er = 130 × 3, 75 × 0, 60 = 292 m. cub., 500 ; 2e 73 × 4 × 0, 65 = 189 m. cub., 800 ; 3e 27 × 2, 80 × 0, 55...... 41 m. cub., 580 ; 2e et 3e réunis = 189 800 + 41, 580...... = 231 m. cub., 380. On trouvera, par une règle de trois, rapport direct, le nombre d'ouvriers cherché = (231, 380 × 48) : 292, 500 = 11 106, 240 : 292, 500 = 11 106 240 : 292 500 = 37°, 97 1/195, c.-à-d. 37 ouvriers et 1 ouvrier employé pendant 0, 97 de jour et 1/175 de centième de jour.

(123) Un Américain négocie, à Paris, chez un changeur, une traite sur Londres de 231 l. st. 17 s, 5 d. ; le change est à 26 f., 42; au lieu de prendre de l'argent français, il demande des dollars d'Amérique valant alors 5 f., 34 : combien recevra-t-il de dollars et de *cents* ou centièmes de dollars ?

R. 1^{lst} = 26^f, 42 ; 321^{lst} = 26, 42 × 321 =   8 480^f, 82
1^{sh} = 1/20 de 1^{lst} = 26, 42 : 20 ; 17^{sh}
= (26, 42 : 20) × 17 = 449, 14 : 20 =......   26 , 46
1^d = 1/12 de 1^{sh} = 1/12 de 26, 42/20....
= 26, 42/(20 × 12) ; 7^d = 24, 42 × 7/20 × 12
= 170, 94/240 = ...   0 , 71
____
1^{lst} 17^{sh} 5^d à 26^f, 42 =...............   8 507^f, 99

Le quotient de 8 507, 99 par 5, 34 fera connaître le nombre de dollars donnés en échange = 1592^d, 50, à moins de 0^d, 01 près.

(124) Trois pompes peuvent être utilisées pour opérer un épuisement. La 1re y emploierait 22 1/4 heures, la 2e 33 1/2 heures et la 3e 39 2/3 heures ; combien faudrait-il de temps, les 3 pompes agissant à la fois, pour opérer cet épuisement ?

R. Soit 1 la puissance de la masse d'eau. Par la 1re pompe, épuisem. en 22 1/4^h = 89/4^h ; par chaque h., épuisem. de 1 : 89/4 = 1 × 4/89 = 4/89. Par la 2e épuisem. en 33 1/2^h = 67/2^h ; par chaque h., épuisement de 1 : 67/2 = 1 × 2/67

= 2/67. Par la 3ᵉ épuisem. en 39¹ 2/3 = 119/3 ; par chaque h., épuisem. de 1 : 119/3 = 1 × 3/119 = 3/119. En 1 h. les 3 pompes épuiseraient 4/89 + 2/67 + 3/119 de la masse d'eau = 31 892/709 597 + 21 182/709 597 + 17 889/709 597....... = 70 963/709 597. 1 = 709 597/709 597. Le temps cherché = 709 597/709 597 : 70 963/709 597, ou, en multipliant par un même nombre 709 597 = 709 597 : 70 963 = 9ʰ 59' 58" à moins de 1 seconde près.

(**125**) On a fait la **1ʳᵉ** moitié d'un ouvrage en **137** jours en employant **226** ouvriers ; on peut en mettre **317** pour faire la **2ᵉ** moitié, mais elle est **7** fois plus difficile : combien faudra-t-il de jours pour faire cette **2ᵉ** moitié ?

R. Supposons d'abord que les travaux soient d'égale difficulté. 1ʳᵉ cause 226 ouvriers ; 1ᵉʳ effet 137 jours ; 2ᵉ cause 317 ouvriers, 2ᵉ cause, x jours. *Plus* on emploiera d'ouvriers, *moins* il faudra de jours ; *raison inverse*; alors $x = (137 \times 126) : 317$. Mais le 2ᵉ travail est 7 fois plus difficile que le 1ᵉʳ et la valeur de x est 7 fois trop faible ; il faut × 7 la quantité ci-dessus pour avoir la valeur de x, soit $[(137 \times 126 : 317)] \times 7 = (137 \times 126 \times 7) : 317 = 120834 : 317 = 381, 17$ jours, à moins de 0, 01 près.

FIN DE LA PRATIQUE QUOTIDIENNE,

LIVRE DU MAÎTRE.

TABLE.

CHAPITRE I.

NOMBRES ENTIERS.

CHAPITRE II.

SECTION 1re — NOMBRES DÉCIMAUX.

SECTION 2me — SYSTÈME LÉGAL DES POIDS ET MESURES.

CHAPITRE III.

SECTION 1re. — FRACTIONS ORDINAIRES.

SECTION 2me. — APPLICATIONS DIVERSES.

FIN DE LA TABLE.

Redon — Imp. E. RICHARD.